国外人士 看新时代

主编：于海青

中国新时代
源起、进程与成就

[俄] 尤里·塔夫罗夫斯基 著

康晏如 译

图书在版编目(CIP)数据

中国新时代:源起、进程与成就/(俄罗斯)尤里·塔夫罗夫斯基著;康晏如译.— 重庆:重庆出版社,2024.4
ISBN 978-7-229-18271-7

Ⅰ.①中… Ⅱ.①尤… ②康… Ⅲ.①现代化建设—研究—中国 Ⅳ.①D61

中国国家版本馆CIP数据核字(2024)第013249号

中国新时代:源起、进程与成就
ZHONGGUO XINSHIDAI:YUANQI、JINCHENG YU CHENGJIU
[俄]尤里·塔夫罗夫斯基 著 康晏如 译

责任编辑:李 茜
责任校对:朱彦彦
装帧设计:李南江

重庆出版集团
重庆出版社 出版

重庆市南岸区南滨路162号1幢 邮政编码:400061 http://www.cqph.com
重庆出版社艺术设计有限公司制版
重庆恒昌印务有限公司印刷
重庆出版集团图书发行有限公司发行
E-MAIL:fxchu@cqph.com 邮购电话:023-61520678
全国新华书店经销

开本:787mm×1092mm 1/32 印张:4.375 字数:72千
2024年4月第1版 2024年4月第1次印刷
ISBN 978-7-229-18271-7
定价:35.00元

如有印装质量问题,请向本集团图书发行有限公司调换:023-61520678

版权所有 侵权必究

总　序

党的十八大以来，中国特色社会主义进入新时代，以习近平同志为核心的党中央，统筹国内国际两个大局，团结带领中国人民取得了社会主义现代化建设的巨大成就，创造了令世界惊叹的发展奇迹，谱写出人类进步史上的辉煌篇章。新时代中国的发展，铸就了21世纪世界发展的精彩华章；新时代中国特色社会主义的伟大成就，使中国成为世界社会主义的引领旗帜和中流砥柱；新时代中国始终不渝做全球发展的探索者和引领者，为解决世界难题贡献了中国智慧，为人类对更好社会制度的探索贡献了中国方案；新时代中国在推进马克思主义中国化时代化中激发中华优秀传统文化的生机与活力，使中华文明焕发蓬勃生机，创造了人类文明新形态，为人类文明进步作出巨大贡献。新时代中国取得的巨大成功，不仅在中华民族发展史、中华人民共和国发展史上具有重大意义，而且在世界社会主义发展史、人类社会发展史上也具有重大意义。

中国共产党在领导人民推进社会主义现代化建设的进程中，走出了一条中国式现代化道路。新时代中国以巨大的成就、广泛的影响、显著的优势彰显了通过中国式现代化道路创造的人类文明新形态。中国式现代化道路的开拓，为广大发展中国家走向现代化提供了典范样本和全新选择。中国式现代化道路是基于自身的经济社会条件、历史文化传统、基本价值诉求、现实发展逻辑作出的选择，具有鲜明的中国特色、民族特质、时代特性。中国式现代化是人口规模巨大的现代化，是全体人民共同富裕的现代化，是物质文明和精神文明相协调的现代化，是人与自然和谐共生的现代化，是走和平发展道路的现代化。新时代中国以高度自信的精神状态展现了中华文明的当代形态、社会主义文明的中国形态、人类文明的崭新形态，打破了"西方中心主义"文明观的思维束缚，有力驳斥了"文明冲突论""历史终结论""社会主义失败论"。新时代中国坚持既不输入别国模式，也不输出中国模式，始终高举和平、发展、合作、共赢旗帜，奉行独立自主的和平外交政策，坚持走和平发展道路，推动建设新型国际关系，维护国际关系民主化，推动构建人类命运共同体，做世界和平的建设者、全球发展的贡献者、国际秩序的维护者，以中国的新发展为世界提供新机遇。

当前，走近世界舞台中央的新时代中国与21世纪的世界融为一体，中国的发展在造福本国人民的同时，为世界发展进步作出越来越大的贡献。当今世界是开放的世界，中国的发展离不开世界，世界的发展更需要中国。纵观人类社会发展史，从原始封闭的民族历史向广阔的世界历史转变以来，开放性是人类社会的基本特征，全球化是世界发展的必然趋势。中国发展、中国奇迹、中国道路、中国之治正引起国际社会越来越多的关注和研究。随着国际格局的调整、世界局势的变迁、全球秩序的嬗变，中华民族在迎来从站起来、富起来到强起来的历史飞跃中日益走近世界舞台中央，实现中华民族伟大复兴进入了不可逆转的历史进程。中国在解决人类难题、全球问题、时代课题中承担更加重要的角色，提出了一系列新思想新理念新倡议，为建构国际政治经济新秩序、塑造全球治理新格局，发出了中国声音、彰显了中国担当、贡献了中国智慧、提供了中国方案。观察和理解中国，需要坚持历史思维和全球思维，树立大历史观，从历史长河、时代大潮、全球风云中分析演变机理、探究历史规律、提炼经验启示。

中国特色社会主义新时代取得的历史性成就和发生的历史性变革，中国式现代化道路坚持既发展自身又造福世界，令世人瞩目、引各国关注，并赢得国际社会的认可和赞赏。世界不同国家和地区的有识之士对新时代中国给予了高度关注并进行了深入研究。为了集中系统呈现国外专家学者关于中国特色社会主义新时代的研究成果和主要观点，推动开展对比研究，同时推进国际社会更加全面客观地认识中国，由中国社会科学院国际合作局、马克思主义研究院策划，马研院国外马克思主义研究部具体协调沟通，中国社会科学院国际合作局、世界社会主义研究中心、马克思主义理论学科建设与理论研究工程提供出版资助，组织国外专家学者撰写"国外人士看新时代"系列小丛书。丛书作者来自世界各国各地区，从多学科、多维度、多层面对习近平新时代中国特色社会主义思想、中国特色社会主义新时代进行了分析评价。

参与撰稿的专家学者中，有的长期从事中国问题研究，对当代中国有着深刻的了解，以客观公正、科学严谨的态度探讨了中国奇迹产生的内在逻辑、中国之治形成的制度基础、中国道路开创的历史规律。该丛书的出版，对于讲好中国故事、展示中国形象、传播中国声音具有重要的借鉴意义。我们衷心希望通过"国外人士看新时代"小丛书这个思想交流平台，推动建构新型国际关系、新型党际关系，推动构建人类命运共同体，为中华文明与世界各国文明的互学互鉴、为中华民族伟大复兴与人类社会发展进步贡献智慧力量。

编　者
2021 年 11 月

目录

总序 / 001

第一章 站在新时代的起跑线 / 001
一、中国梦的核心——爱国主义 / 005
二、突破性思想 / 007
三、中国梦不受"普世价值"约束 / 015

第二章 新时代的经济：克服"老虎"的阻力，经济进入"新常态" / 018
一、"不改善人民生活,只能是死路一条" / 019
二、系统性预防和惩治腐败取得重大成果 / 022
三、"新常态"——新的经济规则 / 025

第三章　新时代的国际关系 / 028

一、习近平积极的国防政策 / 032

二、中国和平崛起与美国"重返亚洲"战略 / 035

三、"丝绸之路经济带" / 038

四、"海上丝绸之路" / 041

五、丝绸之路论坛——新时代的凯旋 / 043

六、习近平的"大手笔" / 045

第四章　新时代的首要成就 / 049

一、新时代的新章程 / 050

二、社会主义中国向前进 / 053

三、新时代的任务：不忘初心、牢记使命 / 055

四、谁不喜欢"小康"中国？ / 056

五、未来属于新时代 / 058

六、新时代重在质量 / 059

七、反腐新纪元 / 063

八、新时代的前途光明 / 064

九、"中国智慧，中国力量" / 065

第五章 新时代:对稳定性的检验 / 069
一、压力与障碍 / 071
二、覆水难收 / 073
三、新冠病毒与黎明前的黑暗 / 076
四、"生命至上" / 078

第六章 特朗普时期的中国与美国 / 081
一、美国的开始和失败 / 083
二、中国准备好了 / 085

第七章 中美两国实力比较 / 089
一、军事力量 / 091
二、中国的动员能力 / 092
三、经济和金融潜力 / 094
四、"战狼"与"牛仔"的对决 / 097

第八章 拜登时期的美国与中国 / 100
一、"新保守派"向"新全球化"的过渡 / 103
二、东线上的变化 / 104

三、西部战线初具规模 / 105

四、"新保守派"的接力——从奥巴马到拜登 / 106

五、主要敌人的选择——"熊"抑或"龙"？ / 108

六、美国对中国社会主义的打压 / 111

七、旧日幻想会回来吗？ / 113

八、美国的弱点与中国的优势 / 114

九、具有新保守主义特点的"冷战" / 116

第九章 莫斯科与北京的新时代 / 119

一、俄中关系新篇章 / 121

二、暖流越来越强 / 123

结语 向新的征程出发 / 125

第一章

站在新时代的起跑线

2012年,中国迎来了新的时代。2012年11月29日,中国共产党第十八次全国代表大会结束两周后,中共中央政治局常务委员会7名新任委员令人意外地前往国家博物馆参观。

根据毛泽东、周恩来、刘少奇和中华人民共和国其他开国领导人留下的传统,党和政府的高层领导人居住于首都的中南海。该建筑群改建于20世纪40年代末,正门为位于西长安街的新华门,可通往天安门广场。作为世界上面积最大的广场,天安门广场四周环绕着宏伟的建筑物。天安门城楼坐落于广场北端,毛泽东的巨幅画像悬挂于城门正中。广场西侧是用于召开全国人民代表大会的人民大会堂。广场南侧是建筑规模超过莫斯科红场列宁墓的毛主席纪念堂。国家博物馆坐落于广场东侧,是世界上建筑面积最大的博物馆。中国共产党高层领导人来到了这里,而不是人民大会堂或毛主席纪念堂。他们的参观目标不是古代青铜器、古董瓷器或书画作品,而是一场名为《复兴之路》的展览。

刚刚成为中共中央总书记的习近平和中央其他领导人,从中国历史上的悲剧性事件——两次鸦片战争(1840—1842年、1856—1860年)开始了这次参观。鸦片战争中,英法联军击败了中国军队,占领了北京城,掠夺、烧毁了圆明园,并向清政府索要巨额赔款,签订不平等条约。西方列强和日本实际上把中国变成了一个半殖民地国家。这个不久前仍很强大的国家对屈辱的回应是开展"洋务运动"。而后,孙中山领导的革命组织兴起,于1911年成功推翻清王朝,并于1912年宣布成立中华民国。然而,数十年持续不断的军阀混战、抗日战争和解放战争,让中国饱受创伤、濒于崩溃。

接下来中国共产党领导人还参观了这样一个展览

篇章，该篇章讲述了成立于1921年的中国共产党在抗日战争和解放战争，以及在1949年中华人民共和国成立后的国家建设和改革开放过程中的作用。

在参观结束时，习近平发表了简短的讲话，引用毛泽东的词"雄关漫道真如铁"形容中华民族近代以来充满苦难的历史，用唐朝诗人李白充满乐观主义的诗"长风破浪会有时"展望中国的未来。习近平说："经过鸦片战争以来170多年的持续奋斗，中华民族伟大复兴展现出光明的前景。现在，我们比历史上任何时期都更接近中华民族伟大复兴的目标，比历史上任何时期都更有信心、有能力实现这个目标。"[①]习近平指出："改革开放以来，我们总结历史经验，不断艰辛探索，终于找到了实现中华民族伟大复兴的正确道路，取得了举世瞩目的成果。这条道路就是中国特色社会主义。"[②]

习近平在讲话结束时概括了实现中华民族伟大复兴这一目标的阶段性任务："我坚信，到中国共产党成立100年时全面建成小康社会的目标一定能实现，

---

① 习近平：《习近平谈治国理政》（第一卷），外文出版社2018年版，第35—36页。——译者注
② 习近平：《习近平谈治国理政》（第一卷），外文出版社2018年版，第35页。——译者注

到新中国成立 100 年时建成富强民主文明和谐的社会主义现代化国家的目标一定能实现，中华民族伟大复兴的梦想一定能实现。"①

通向中国梦的道路分为两个阶段。此时，习近平向务实的中国人民提出了易于理解的"两个一百年"奋斗目标：到中国共产党成立 100 年时，最终消除贫困，全面建成小康社会；到中华人民共和国成立 100 年时，建成一个富强民主文明和谐的现代化国家。

习近平作为中国新任领导人的这次公开讲话，展示了他对中国当前历史阶段理解的战略深度。上溯 170 多年前的鸦片战争，远瞻中华人民共和国成立 100 周年，他为中华民族制定了长远而又具体的任务，并以此开始了自己的执政时期。

中国梦这一伟大规划形式生动、内容深刻，融汇了习近平本人丰富的人生经历。他曾与贫苦农民一起劳作，在几十年间工作地点从县城到省市再到特大城市，饱览中国古代圣贤书籍，深入研究马克思主义经典著作。中国梦一经提出就立即引起了国内外的广泛关注。

---

① 习近平：《习近平谈治国理政》(第一卷)，外文出版社 2018 年版，第 36 页。——译者注

中国梦不是一张简单的白纸，基于邓小平及其他老革命家制定的令中国进入上升崛起通道的改革开放政策，它深刻总结了中国社会主义建设过程中的经验教训。在客观分析国内外形势的同时，中国梦还展现出强大的理想信念。正是在理想信念的引导下，中国人民打败了日本侵略者，之后又赢得了解放战争。中国人民坚信，一个幸福和正义的社会终将建立起来。

似乎在成为最高领导人之前，习近平心中已怀有关于中国未来的愿景，时间上甚至可以延伸到2049年以后，即中华民族伟大复兴的中国梦实现以后，其内容涵盖中国未来的各个方面——经济、社会生活、国家制度、意识形态、文化、国际地位……中国梦的各项内容经专门研究后，被列入中国共产党的代表大会和全体会议议程，被立法和协商机构制定为决议，最终转化为政府的行动。

一、中国梦的核心——爱国主义

全中国刻不容缓地开始为实现中国梦而奋斗，这成为全体中国人民认同的理念。习近平提出了实现中国梦的三个主要条件：一是必须走中国道路，即中国特色社会主义道路。"中华民族是具有非凡创造力的民族，我们创造了伟大的中华文明，我们也能够继续拓展和走好适合中国国情的发展道路。"① 二是必须弘扬中国精神，即以爱国主义为核心的民族精神和以改革创新为核心的时代精神。三是必须凝聚中国力量，即中国56个民族大团结的力量。中国梦是中华民族的梦，也是每个中国人的梦。

一开始，"中国梦"概念看起来像是画家笔下苍白的作品，但是习近平的每一次讲话都为其增添了新的内涵，中国共产党的思想家研究其背景与细节，期刊媒体刊登普通人的感想和专家简短的访谈以及详尽阐述的文章。

中国共产党的理论家郑必坚谈道，中国梦是走中国特色社会主义道路，用和平、文明的方式实现国家发展和社会主义现代化，而不应该像美国那样将复兴的梦想归结为人均年消费25桶石油，也不应该归结为对殖民地的征服。

---

① 习近平：《习近平谈治国理政》(第一卷)，外文出版社2018年版，第40页。——译者注

微博上许多中国用户将中国梦与美国梦进行比较并指出,中国梦的优势在于它不以个人成功为目标,而是通过全体人民集体奋斗来实现共同的梦想。有人希望国家少些腐败,有人希望国家实现完全统一,有人希望空气清新、天蓝水碧,还有人希望能够拥有负担得起的住房、优质的医疗和教育以及能够减轻人民负担的社会服务。大多数人希望生活更美好。

二、突破性思想

对中国人而言,精神价值极其重要。历史上,只有把人民利益放在第一位时,才能把数百万绝望的农民聚集起来。资产阶级民主革命中,革命者以民族主义、民权主义和民生主义构成的"三民主义"的名义推翻了清王朝,但由于资产阶级的软弱性和妥协性,没有完成反帝反封建的任务。共产党人之所以能取得最后的胜利,主要是因为他们表达了千百万中国人民恢复公平正义与民族尊严的强烈愿望。中华民族伟大复兴的中国梦与数个世纪的梦想和愿望产生了共鸣。每一个词都值得深究:"伟大""复兴""民族"。多么宏大！多么乐观！这是爱国主义精神！

习近平意识到中国梦思想内容的重要性，在意识形态领域走上了创新之路。他拒绝从旧的过时的思想碎片中形成新的意识形态表述的传统方式。从欧洲传入中国的马克思主义被视为中国共产党人理想信念的灵魂。19世纪末渴望变革的中国人对打败他们的西方人的社会政治学说产生了兴趣，尤为重视马克思列宁主义学说，并在后来逐渐形成了毛泽东思想，在邓小平的领导下产生了中国特色社会主义思想。

毛泽东领导的中国共产党，在解放战争中击败了以蒋介石为首的国民党反动派及其腐败的政权。邓小平、陈云、叶剑英等老革命家实行的改革开放政策，让中国逐步摆脱困境，开启了震惊世界的农业、工业和科学大发展。社会主要矛盾从人民对于建立先进的工业国的要求同落后的农业国现实之间的矛盾，转变为人民日益增长的物质文化需要同落后的社会生产之间的矛盾。同时，西方自由主义思想的拥护者扰乱了中国共产党的领导。中共中央委员会的全体会议不止一次专门讨论意识形态问题，但一直没有找到摆脱这种局面的有效方法。

习近平提出的思想具有突破性，他提议扩大尽管已经中国化但仍是外来的马克思主义意识形态的谱系范围。

首先,"中华民族伟大复兴的中国梦"中的"复兴"一词,借鉴了1911年推翻君主专制制度的革命领袖孙中山的思想。中华民国第一任总统及其同盟者在斗争初期成立了兴中会,其名称包括"复兴"中的"兴"字。孙中山领导的辛亥革命(1911年)胜利后,特别是抗日战争(1931—1945年)胜利后,民族复兴思想极为盛行。因此,"复兴"一词与孙中山领导的民主革命有着千丝万缕的联系。新中国成立后,孙中山在中国仍受到崇敬。在南京,每天都有数千人前往参观中华民国第一任总统的雄伟陵墓与故居。

在邓小平成为国家领导人之后,孙中山的思想遗产受到重视。邓小平讲话中体现了孙中山的"民生"思想。邓小平把计划经济与市场经济相结合,同时保留国家宏观调控的经济模式。他认为,社会主义的本质就是让人们最终实现共同富裕。

习近平在纪念辛亥革命110周年大会上指出:"孙中山先生是伟大的民族英雄、伟大的爱国主义者、中国民主革命的伟大先驱。孙中山先生大声疾呼'亟拯斯民于水火，切扶大厦之将倾'，高扬反对封建专制统治的斗争旗帜，提出民族、民权、民生的三民主义政治纲领，率先发出'振兴中华'的呐喊……辛亥革命极大促进了中华民族的思想解放，传播了民主共和的理念，打开了中国进步潮流的闸门，撼动了反动统治秩序的根基，在中华大地上建立起亚洲第一个共和制国家，以巨大的震撼力和深刻的影响力推动了中国社会变革，为实现中华民族伟大复兴探索了道路。孙中山先生和辛亥革命先驱为中华民族建立的历史功绩彪炳千秋！在辛亥革命中英勇奋斗和壮烈牺牲的志士们名垂青史！辛亥革命永远是中华民族伟大复兴征程上一座巍然屹立的里程碑！"①

其次，如果说伟大的革命者孙中山为"中华民族伟大复兴"探索了道路，那么"文明和谐的国家"借鉴的就是伟大的思想家——孔子的思想。孔子对中华文明的重要意义，从他被尊崇为"万世师表"可见一斑。

"文化大革命"结束后，中国的社会经济生活开始正常化，但出现了严重的"精神真空"现象。邓小

---

① 习近平：《在纪念辛亥革命110周年大会上的讲话》，人民出版社2021年版，第3—4页。——译者注

平等领导人开始谈论儒家思想中"小康社会"这一概念，这需要极大的勇气和政治远见。中国共产党成立100年时全面建成小康社会，是"两个一百年"奋斗目标之一。用小康理念来具体化改革开放战略的想法，并非偶然出现在邓小平身上。他始终是一个实践者，而不是一个"抄写员"。

新加坡前领导人李光耀认为，新加坡的成功在很大程度上归功于"用儒家思想引导人民"。在1994年举行的纪念孔子诞辰2545周年的国际会议上，李光耀强调，如果新加坡绝大多数人没有受到儒家价值观的启发，新加坡就不可能克服困难和障碍。

1978年12月，邓小平开始推行改革开放政策，次年正式宣布了改革开放政策与"小康"概念的密切联系，并对"小康"给出了自己的解释。随后几年，小康社会被中国经济学家阐释为一种特定的消费和生产模式，不同于资本主义"高消费、高成本"模式。

中国社会科学院原院长马洪解释说，中国将努力满足收入水平不是很高的人口需求，逐步增加收入，鼓励建立起社会主义消费模式。他还开展研究，展望了实现小康目标的情景和路径。俄罗斯著名儒学专家佩列洛莫夫（Л. С. Переломов）阐释了邓小平提出的中国发展战略的意义,"邓小平通过宣布建设小康社会,释放了全社会的能量,瞄准了新的前进方向——国家现代化"。

习近平在担任党和国家最高领导人初始,就表现出对孔子的了解与尊重。习近平在讲话和文章中频繁引用《论语》和其他儒家经典著作,在北京大学师生座谈会上的讲话(2014年5月4日青年节)中的相关引用达到了10余条。

"大学之道,在明明德,在亲民,在止于至善。"习近平引用这句话来谈论年轻人应该建立自己的核心价值观。"核心价值观,其实就是一种德,既是个人的德,也是一种大德,就是国家的德、社会的德。国无德不兴,人无德不立。如果一个民族、一个国家没有共同的核心价值观,莫衷一是,行无依归,那这个民族、这个国家就无法前进。"①"爱国、进步、民主、科学,都是我们今天依然应该坚守和践行的核心价值,不仅广大青年要坚守和践行,全社会都要坚守和践行。"②

---

①习近平:《习近平谈治国理政》(第一卷),外文出版社2018年版,第168页。——译者注

②习近平:《习近平谈治国理政》(第一卷),外文出版社2018年版,第167页。——译者注

考虑到几千年来中国人形成了一种特殊的价值观体系，习近平将这些价值观总结在传统的经典语录中："中华文明绵延数千年，有其独特的价值体系。中华优秀传统文化已经成为中华民族的基因，植根在中国人内心，潜移默化影响着中国人的思想方式和行为方式。今天，我们提倡和弘扬社会主义核心价值观，必须从中汲取丰富营养，否则就不会有生命力和影响力。比如，中华文化强调'民惟邦本'、'天人合一'、'和而不同'；强调'天行健，君子以自强不息'、'大道之行也，天下为公'；强调'天下兴亡，匹夫有责'，主张以德治国、以文化人；强调'君子喻于义'、'君子坦荡荡'、'君子义以为质'；强调'言必信，行必果'、'人而无信，不知其可也'；强调'德不孤，必有邻'、'仁者爱人'、'与人为善'、'己所不欲，勿施于人'、'出入相友，守望相助'、'老吾老以及人之老，幼吾幼以及人之幼'、'扶贫济困'、'不患寡而患不均'；等等。"①

遵循我们这个时代的传统价值观将有助于年轻人在生命的最初阶段避免错误。习近平形象地比喻道：

---

①习近平：《习近平谈治国理政》（第一卷），外文出版社2018年版，第170页。——译者注

"这就像穿衣服扣扣子一样，如果第一粒扣子扣错了，剩余的扣子都会扣错。人生的扣子从一开始就要扣好。"①

习近平在访问孔子的故乡曲阜时，强调了他对"至善至上"的态度。2014年9月24日，习近平在纪念孔子诞辰2565周年国际学术研讨会暨国际儒学联合会第五届会员大会开幕会上发表讲话，阐释了儒学思想和世界和平与发展的关系问题。习近平强调，"从历史的角度看，包括儒家思想在内的中国传统思想文化中的优秀成分，对中华文明形成并延续发展几千年而从未中断，对形成和维护中国团结统一的政治局面，对形成和巩固中国多民族和合一体的大家庭，对形成和丰富中华民族精神，对激励中华儿女维护民族独立、反抗外来侵略，对推动中国社会发展进步、促进中国社会利益和社会关系平衡，都发挥了十分重要的作用……包括儒家思想在内的中国优秀传统文化中蕴藏着解决当代人类面临的难题的重要启示"②。

---

① 习近平：《习近平谈治国理政》（第一卷），外文出版社2018年版，第172页。——译者注
② 习近平：《在纪念孔子诞辰2565周年国家学术研讨会暨国际儒学联合会第五届会员大会开幕会上的讲话》，人民出版社2014年版，第5—6页。——译者注

中国共产党继承了中国精神世界价值观，而这种价值观深深植根于传统文化的肥沃厚重之中。

中国梦远景规划的顺利实现，印证了中国在意识形态工作部署方面的有效性。本书的作者和其他学者将继续对其进行研究和补充。例如，在反腐斗争深入开展的情况下，中国可以借鉴法家学派创始人商鞅的思想，他在西方被称为"法治思想创始人"。尽管这位思想家一贯反对孔子，呼吁用严厉而非人道的方法进行统治，但在他的建议和帮助下，战国时期的秦国打败了其他所有诸侯国，并建立了中国历史上第一个中央集权国家。

无论如何，随着中国新时代的到来，无论是对中华民族的历史经验还是对中华民族长远发展前景的认识，都将上升到一个新高度。

三、中国梦不受"普世价值"约束

中国在创建了最适合本国国情的社会经济发展模式，即中国特色社会主义后，开始建立自己的精神价值体系。中国梦勾勒出这一价值体系的轮廓，其内容将被逐步完善。但今天已经很清楚，中国正在摆脱刻在西方文明碑上并时而用十字架、时而用剑强加给世界其他国家的"普世价值"观的影响。

随着欧洲对世界影响力的减弱，美国开始扮演意识形态缔造者的角色。第二次世界大战结束后，美国向世界其他国家输出新自由主义资本主义模式，甚至将这一模式宣布为"人类发展的王冠""历史的终结"。如今，任何对西方"普世"戒律的背离，都会遭到媒体的批评，还常常受到西方的经济制裁甚至是武力胁迫。

苏联在长约70年的时间里与西方意识形态霸权作斗争，在马克思和恩格斯的理论基础上产生了列宁主义，创建了自己的社会经济发展模式。然而，由于戈尔巴乔夫等苏联领导人在管理经济和维护国家利益方面的无能、"普世价值"观的渗透，以及各加盟共和国分裂主义浪潮的兴起，最终导致这一伟大的社会主义国家崩溃瓦解。

中国在总结和吸取苏联解体深刻教训的过程中，看到了"普世价值"观的危险性。曾经有一段时间，来自香港特区和台湾地区的中文电视节目一直在向中国人灌输西方的基本价值、观念和行为，被翻译成中文的好莱坞电影和电视剧充斥着"美国梦"的海市蜃楼，数以百万计的学生在美国和其他盎格鲁-撒克逊国家留学，在接受"普世价值"观的"精神治疗"后又回到中国。

中国已采取措施减少西方电影和电视剧的流入。但最重要的是，一个代替西方价值观的精神价值观念诞生了，即深深根植于中华民族五千多年文明历史的中国梦。

第二章

新时代的经济：克服"老虎"的阻力，经济进入"新常态"

中华民族伟大复兴的中国梦明确了中国共产党成立 100 年和新中国成立 100 年时的发展目标，激发了中国社会中的乐观主义情绪，并开始填补"精神真空"。

但即使是最明智、最振奋人心的理论概念也要经受实践的检验。新时代伊始，中国国内外面临的条件并不是十分理想。国内 GDP 增速继续放缓；不同行业、不同地区发展速度的不平衡愈加明显；中国大城市的生态困境和农村社会问题加剧；美国及其同盟对中国的军事政治围堵愈演愈烈。上述问题及其他各种问题都亟待解决。毛泽东曾说过，"在复杂的事物的发展过程中，有许多的矛盾存在，其中必有一种是主要的矛盾，由于它的存在和发展规定或影响着其他矛盾的存在和发展"①。因此，只有抓住主要环节，才能抓住整个链条。习近平将经济定义为主要环节。2013年11月9日至12日，经济问题成为中国共产党十八届三中全会的主要议题。

一、"不改善人民生活，只能是死路一条"

习近平在《关于〈中共中央关于全面深化改革若干重大问题的决定〉的说明》中，引用了邓小平1992年南方谈话中的一句话："不坚持社会主义，不改革开放，不发展经济，不改善人民生活，只能是死路一条。"②

"死路一条"这几个字是经过深思熟虑才引用的，并非夸大形势。习近平在讲话中谈到国家和执政党面临的严峻形势，指出："当前，国内外环境都在发生

---

①《毛泽东选集》第一卷，人民出版社1991年版，第320页。——译者注

②《邓小平文选》第三卷，人民出版社1993年版，第370页。——译者注

极为广泛而深刻的变化，我国发展面临一系列突出矛盾和挑战，前进道路上还有不少困难和问题。比如：发展中不平衡、不协调、不可持续问题依然突出，科技创新能力不强，产业结构不合理，发展方式依然粗放，城乡区域发展差距和居民收入分配差距依然较大，社会矛盾明显增多，教育、就业、社会保障、医疗、住房、生态环境、食品药品安全、安全生产、社会治安、执法司法等关系群众切身利益的问题较多，部分群众生活困难，形式主义、官僚主义、享乐主义和奢靡之风问题突出，一些领域消极腐败现象易发多发，反腐败斗争形势依然严峻，等等。解决这些问题，关键在于深化改革。"①

中国共产党十八届三中全会是习近平及其领导的"智囊团"实行重要改革的第一场胜利。"中国特色社会主义"的内部结构朝着加强市场作用、改善群众生活的方向转变，经济进入了一个新的阶段。

中国共产党十八届三中全会取得的成果中，有几项极为重要。

第一，改革农村土地制度。2015年，国家出台

---

① 习近平：《关于〈中共中央关于全面深化改革若干重大问题的决定〉的说明》，《人民日报》，2013年11月16日。——译者注

了《关于认真做好农村土地承包经营权确权登记颁证工作的意见》，对农民的承包地给予确权登记；出台了《不动产登记暂行条例》，对农村承包经营的耕地、林地、草地和宅基地使用权等给予不动产登记。这些措施旨在保护农村土地免受地方当局专断，后者经常将土地转卖给富人和开发商，以补充当地预算或鼓了自己腰包。农民能够绕过中介自己出售其土地使用权，这将使他们有更多机会获得足够的资金迁移到城市。加速的移民和城市化也有助于中等收入群体的增长，有利于扩大国内消费，缓解经济对出口的依赖。

第二，改变生育政策。中国实行了30多年的计划生育人口政策，主要内容是提倡晚婚、晚育、少生、优生，从而有计划地控制人口。这一政策在当时发挥了积极作用，但随着经济社会发展，显现出一些弊端，比如人口老龄化、部分地区男女比例失衡。中国共产党十八大以来，中国研究逐步改变生育政策。2016年1月1日，全面二孩政策正式施行。

第三，把权力关进制度的笼子里。为了把权力关进制度的笼子里，强化对权力运行的制约和监督体系，构建决策科学、执行坚决、监督有力的权力运行体系，通过并实行了一系列具有经济和社会政治意义的决议和措施。

中国共产党十八届三中全会通过的决议还包括深化教育领域综合改革，完善劳动力就业和再培训体系，健全促进就业创业体制机制，建立更加稳定的社会保障体系，等等。

二、系统性预防和惩治腐败取得重大成果

中国共产党十八届三中全会作出了中国发展进入新阶段的重大判断。全会前夕预测的"前所未有的改革将导致经济、社会和其他领域发生深刻变化"并没有到来。

但习近平依然勇往直前。他着力使用创新方式夯实中华民族伟大复兴的经济基础。中央全面深化改革领导小组开始运作。创建这样的小组可以集中各方力量来解决问题，也可以克服改革的潜在阻力。中国著名经济学家迟福林在《解放军报》刊文坦言，推进改革的最大困难是如何打破利益集团，它们通过对地方权力和国民经济的控制谋利。习近平所推进的"发挥市场在资源配置中的决定性作用"的改革步伐触动了

它们的利益。与这些利益集团有关的亲属和那些有腐败行为的党、政府、安全机关和部队的领导人，也都属于沉默的反对派。习近平很快把言语变成了行动。

中国共产党十八届四中全会是习近平及其志同道合者对党政官员腐败行为的全面反攻。全会于2014年10月召开，致力于全面推进依法治国若干重大问题，其中包括腐败治理问题。反腐规模史无前例地扩大了——从小额贪污者"苍蝇"到贪污金额巨大的"老虎"。从此，反腐败成为实现中华民族伟大复兴的中国梦的重要组成部分。

习近平并非第一个高度重视反腐斗争的共产党领导人。在某种程度上可以说，毛泽东的政治运动也具有反腐性质。改革开放后，在引入市场经济的过程中，严重的腐败问题一度引起社会愤慨。1985年，海南岛和广州市的学生针对物价上涨和腐败问题的抗议得到来自北京、西安和成都的学生的支持。中国政府开始与干部腐败问题作斗争，并在邓小平的主持下依法对构成严重经济犯罪的官员追究刑事责任。邓小平之后，在江泽民和胡锦涛的领导下，反腐斗争仍在继续。

2011年，在中国大规模庆祝中国共产党建党90

周年之际，全民掀起恢复中国共产党老一辈光荣传统的浪潮，根除弊端。时任中共中央总书记和国家主席胡锦涛说，党对长期执政条件下滋生腐败的严重性和危险性、对改革开放和社会主义现代化建设全过程都要反对腐败的认识是清醒的。

习近平在其政治生涯的各个阶段都在对抗腐败。他不断拓宽政治视野、积累经验，系统地打击了福建、浙江和上海等地的官员滥权问题。2007年，成为党和国家重要领导人后，他不忘反腐，着手解决面临的问题，为即将到来的反腐决战做好战略部署。

中国共产党十八大结束后不久，中央政治局就提出改进工作作风、密切联系群众的一系列规定，禁止用公款购买香烟、高档酒、礼品；加强公务车辆管理；禁止超标准使用和豪华装修办公室；禁止使用公款购买个人房地产、修理住房或支付租金等。很快，这些措施就扩展到了军队。全国推行公费宴请的"三菜一汤"标准。

2013年4月，习近平在中共中央政治局集体学习会议上指出，历史的经验值得注意，历史的教训更应引以为戒。为了实现中华民族伟大复兴的中国梦，必须坚持党要管党、从严治党，积极借鉴中国历史上优秀廉政文化，不断提高中国共产党的领导水平和执政水平、提高拒腐防变和抵御风险能力，确保党始终成为中国特色社会主义事业的坚强领导核心。习近平强调，反腐倡廉必须常抓不懈，拒腐防变必须警钟长鸣，保持惩治腐败的高压态势，做到有案必查、有腐必惩，坚持"老虎""苍蝇"一起打，切实维护人民合法权益。

反腐阵线的扩大和数量越来越多的"老虎""苍蝇"落网体现了民心所向，这从中国媒体的报道、数以百万计的微博评论中可见一斑。社会要求对腐败行为进行更严厉的惩罚。反腐行动取得了巨大的成功，反腐败已成为中国新时代的重要组成部分。

三、"新常态"——新的经济规则

系统性的反腐败斗争可以比作为建造新的建筑就要清理建筑工地。而习近平提出"新常态"概念，是为中国经济建设奠定新的、更深层的、更坚实的地基，为改建宏大建筑而做准备。这一理论创新的意义就在于此。

依靠国外市场、不惜一切代价吸引外资的时代即将结束，是时候满足国内市场需求、提高城乡居民生活水平了。中国作为廉价劳动力供应国和将资金投资于美国控制的金融机构进而融入世界生产链的时代即将结束。基于本国科技成就的高质量和有竞争力的商品生产时代开始了，建立独立金融体系和保障中国在全球贸易中的利益的时代开始了。

人民币国际化成为"新常态"时期的一个重要创新，人民币逐渐从世界金融市场和美元的阴影中走出来。几十个主要贸易伙伴国就以人民币作为记账本位币达成协议。人民币对其他国家，首先是"一带一路"沿线国家的经济投资，正在成为这些国家发展不可替代的加速器。截至2013年底，中国对外投资额为1078.4亿美元，几乎与同年其他国家对中国经济的总投资持平。在从资本输入国向资本输出国转变的道路上，中国积极创建或参与国际金融机构，其规模可与世界银行、国际货币基金组织齐肩。

亚洲基础设施投资银行（AIIB）于2015年12月正式成立，法定资本为1000亿美元。约一半的资金由该创意的发起国——中国出资，银行总部位于北京，2016年开始运营。中国于2014年11月创建的丝路基金，为包括俄罗斯在内的国家投资大型能源项目和基础设施项目。金砖国家开发银行（NDB）的总部设在上海，中国是其最大股东。

中国的对外投资正在成为世界经济发展的一个重要新趋势，可以极大地改变整个世界的投资环境。中国的"新常态"可能很快会成为许多合作伙伴的常态。

第三章
新时代的国际关系

对中国在世界舞台地位的关注是中华民族伟大复兴的中国梦规划的重要组成部分。

第一次鸦片战争（1840—1842年）标志着中国失败和屈辱的100年的开始，这种屈辱首先是来自英国和法国，然后是西方其他列强和日本。几个世纪的自我封闭成为曾经强大的王朝没落的原因之一。起初，规模显著扩大的大清王朝（1636—1912年）逐渐闭关锁国，对世界变化漠不关心，傲慢地拒绝了英国提出的开展贸易和建立外交关系的提议，结果引来了悬挂英国国旗的船只的远程炮火。

清王朝不仅国家总体衰落，而且缺乏外交、情报部门和其他国际交往的手段，这也是其在鸦片战争中失败的重要原因。以1842年第一次鸦片战争后签订的《南京条约》为开端，西方列强和日本接连与清政府签订了一系列不平等条约，外国实现了对中国大面积领土的控制，剥夺了中国对边境和海关的控制权，迫使中国向外国商人和传教士开放。直到1945年，最后的"洋鬼子"——被中国人及其反法西斯联盟盟友打败的日本人才离开了中国。

1949年中华人民共和国成立后，在遭受西方封锁的形势下，中国与其他各国的外交关系逐渐发展起来。然而，由于美国对联合国的操纵，中国在联合国的合法席位被台湾蒋介石集团占据。朝鲜战争（1950—1953年）进一步加剧了对中国的贸易封锁和人道主义歧视。因此，一段时间内，俄罗斯及其盟友一直是中国"通往世界的重要窗口"。

20世纪90年代初，邓小平在外交和安全领域确立的战略方针被称为"韬光养晦"政策：冷静观察，稳住阵脚，沉着应付；韬光养晦，善于守拙，绝不当头。后来，另外四个字——"有所作为"被补充到这一政策中。进入21世纪，胡锦涛提出了"包容性发展"理念。

在中华民族伟大复兴的中国梦提出整整两个月后，习近平发表了具有里程碑意义的声明，阐明了实施这一规划的关键外交政策和原则。2013年1月28日，十八届中共中央政治局第三次集体学习期间，习近平强调，走和平发展道路是中国共产党根据时代发展潮流和中国根本利益作出的战略抉择，坚持走和平发展道路决不能放弃国家正当权益，决不能牺牲国家核心利益。任何外国不要指望我们会拿自己的核心利益做交易，不要指望我们会吞下损害我国主权、安全、发展利益的苦果。

习近平的声明是在对战略安全领域形势进行深刻分析的基础上得出的结论。21世纪第一个十年中期，西方对中国较为友善的态度开始发生变化。20世纪70年代后期，美国利用中苏矛盾，企图将中国纳入针对苏联的全球军事政治体系。在西方的积极响应下，改革开放政策成功地让中国融入全球生产和贸易"链条"，中国成为了"世界工厂"。然而，中国惊人的经济成就加速了美国、日本和其他西方国家的去工业化进程，中国黄金和外汇储备量持续增长。自2008年全球金融危机以来，西方对中国的嫉妒和猜疑成倍增长。中国政府在金融方面的正确决策使国家得以向实体经济部门提供紧急援助，而非像西方那样向离岸银行提供紧急援助。

即便如此，西方专家开始指责中国"不公平竞争"，强调要提高人民币汇率，这种声音很快就演变为美国官员的要求。中国政府意识到中国对西方市场的依赖，清醒地评估了公开违反"华盛顿共识"可能带来的后果，逐步提高人民币汇率。但美国希望人民币汇率实现20%—40%的快速和大规模的提升。美国在20世纪80年代后半期就是利用这种手段对日元施以致命打击的。当时日本被迫签署了《广场协议》，并在几年内将日元汇率提高了近一倍。其结果是美国的一个危险竞争对手被消灭，"日本奇迹"被扼杀。尽管压力巨大，但中国政府并没有让人民币大幅升值，因为这将不可避免地带来大动荡，即中国商品竞争力下降、多个行业萎缩、失业率增加、社会不稳定和不可预测的政治动荡。

美国国务卿希拉里·克林顿于2011年11月宣布了"重返亚洲"战略，其主要内容是全面遏制中国，并将分散在世界各地的军事外交力量集结在靠近中国的太平洋区域。

到 2012 年底，美国的"重返亚洲"战略已经明朗。美国在日本、韩国和太平洋岛屿上的军事基地更新了武器并强化了特遣队，在澳大利亚建立了新的海军陆战队基地。除了驻扎在太平洋西部的美国第七舰队航母编队外，美国还在新加坡部署了"濒海战斗舰"，随时可以堵住马六甲海峡的"瓶颈"。中国庞大的进出口货物正是通过该港口才能运转。此外，中国与日本有关钓鱼岛以及与越南、菲律宾、印度尼西亚和文莱有关南海诸岛的领土争端加剧了中国海上边界的紧张局势，美国的"重返亚洲"战略是对中国的压制和包围。

一、习近平积极的国防政策

习近平在上任之初就宣布要向积极和独立的外交政策转变。习近平首次当选国家主席后，第一次出访选择了俄罗斯，第二次出访去了美国。2013 年 3 月，习近平在莫斯科进行国事访问期间，会见了俄罗斯总统普京，与他进行了约 7 个小时的会谈，重申推进两国战略伙伴关系的决心。然而，当时中方并没有宣布任何新的思想，在前几年的外交政策优先事项中，俄罗斯稳居第二，让位于美国。俄罗斯将继续遵循战略伙伴关系的方针，不会对中国构成任何威胁。因此，中国的注意力集中于问题之根源——美国。

2013年6月，习近平主席在加州与奥巴马总统进行的8小时会谈中，提出了构建新型大国关系构想。中国评论员毫不掩饰地提出，新型大国关系正是针对中美关系，中方试图在不冲突不对抗、相互尊重、合作共赢的原则基础上，避免新兴大国和传统大国陷入冲突和对抗的历史诅咒，中国不挑战当前世界秩序，是联合国、世界银行、国际货币基金组织和其他重要国际组织的重要成员和坚定支持者与捍卫者。

在西方颇受欢迎的美国政治学家约翰·米尔斯海默在其著作《大国政治的悲剧》一书中用了一整章来论述美中战争的不可避免性。"美国将竭尽所能阻止中国获得地区霸权。中国的多数邻国，包括印度、日本、新加坡、韩国、俄罗斯和越南，都将加入美国遏制中国的计划。这将导致安全领域发生激烈的竞争，战争威胁陡然增大。总之，中国的崛起不太可能是平静的……虽然核武器的存在无疑会避免大规模战争爆发,但与冷战时期的欧洲相比,美中未来在亚洲的竞争将更易导致军事对抗。双方的地缘与实力对比不同于冷战时代,这使得美中之间比1945—1990年的美苏超级大国之间更有可能发生战争。"

当学者们猜测中美发生冲突的可能性时,美国军事专家已经制定了具体的计划,并在专门期刊上开始发表文章,研究未来的战役和战斗行动图纸。例如,美国海军学会《进程》(*Proceedings*)杂志上发表了一篇名为《阻龙》的文章,提出在中国沿海,尤其是在主要港口和主要航线的出口处布置水雷。

在随后的中美两国领导人、高级外交官和专家的会晤中,不约而同地讨论了新型大国关系的概念。然而,中国伸出的和平橄榄枝却无一例外地遭到了拒绝。奥巴马本人及其"智库"在意识形态上属于强大的"新保守主义者",这种思想认为,美国是"上帝选中的国家",不允许任何外部势力进入其"山上的光辉圣殿"。没有一个"新保守主义者"能接受中国世界角色的改变并与之建立起特殊但平等的关系。

二、中国和平崛起与美国"重返亚洲"战略

2014年11月中旬在北京举行的APEC（亚洲太平洋经济合作组织）峰会上，习近平主席在与包括俄罗斯在内的与会国家的领导人举行全体会议和双边会晤后，他邀请自称为"太平洋总统"的奥巴马前往中南海进行双边会晤。这一姿态是史无前例的——很长一段时间以来，没有一个外国人享有如此殊荣，有幸在中国高层国家领导人办公和生活的地方散步。

晚上的参观结束后，中美双方进行了一场严肃的对话。主人向客人谈到，在双方共同努力下，两国在推进中美新型大国关系建设方面已取得不少成果，并表示希望保持经常性密切沟通，全面增进相互了解，加深彼此信任。客人显然回避了细节，根据新华社报道，他"愿意同习近平主席就广泛的问题及时交换意见，推动美中新型大国关系建设不断迈上新台阶"。

据新华社报道，两国领导人的谈话在长途散步、晚餐和告别宴时继续进行。习近平向记者介绍了他的首要任务——深化经济改革、开展反腐倡廉、壮大执政党，带领国家走中国特色社会主义道路。他解释

说，要想了解中国政府现在的行动并预测未来的行动，需要了解中国的文化。中国传统文化的基因深深植根于中国全体人民及中国领导人的心中，并决定了中国的国家战略。

奥巴马总统言简意赅地向习近平主席保证，美国无意遏制中国，美国支持中国的改革开放政策，愿扩大同中国在解决全球性问题上的合作。他还感谢对方向他讲述了中国历史文化故事，这让他明白了中国人民对稳定和统一的渴望……

遏制中国的最初阶段被称为"重返亚洲"战略，并一直持续到奥巴马的第二任期。这是对中国和平崛起的反应。很明显，美元无法与作为全球支付手段的人民币共存。中美之间浮出水面的矛盾具有对抗性质，并不取决于白宫和中南海领导人的情绪。

美国在冷战时期，以及在苏联解体后的30年中，在世界范围内持续不断的局部战争和"颜色革命"中积累了丰富的军事和政治经验。而中国领导人及其外交官、学者和情报官员几乎没有这样的经验，因此可以理解，中国希望避免或至少推迟与美国的激烈冲突。

奥巴马执政期间，美国未能完全实现"重返亚洲"的目标。美国没有撤出阿富汗，在阿拉伯国家、乌克兰和叙利亚上演了一系列"颜色革命"和干预，与俄罗斯的新"冷战"耗费了巨大资源。与此同时，美国在中国东部的军事准备也有所加强——恢复了与日本、韩国、新加坡、菲律宾和澳大利亚的军事关系，在中国东部岛屿和南海周围造成紧张局势，萨德导弹系统出现在非常靠近中国边境的韩国，跨太平洋贸易伙伴关系（TPP）成立。然而，由于力量的分散，对中国的全面遏制并没有发生。

而且，中国变得更加强大，在国际舞台和世界市场上更加活跃。2014年，众所周知，中国经济在购买力方面位居世界第一。中国加紧军事准备，开始建设远洋舰队，试射反舰导弹，引入网络防御系统，打造强大的太空编队。中国对TPP形成的回应是提议建立《区域全面经济伙伴关系协定》（RCEP），这立即引起了太平洋地区国家的兴趣。"一带一路"倡议重新焕发活力，其主要目的是本着共商共建共享原则，创造更多共同发展的机遇。各国专家认为，金砖国家新开发银行、亚洲基础设施投资银行和丝路基金的成立，是全球金融体系可替代道路形成的开端。

三、"丝绸之路经济带"

习近平最富有成效的外交政策理念体现为两项倡议，简称为"一带一路"倡议。2013年9月7日，习近平主席在哈萨克斯坦首都阿斯塔纳宣布了第一个倡议，提出"为了使我们欧亚各国经济联系更加紧密，相互合作更加深入，发展空间更加广阔，我们可以用创新的合作模式，共同建设'丝绸之路经济带'"[①]。

参考资料

伟大的丝绸之路有着大约2000年的历史。在此期间，其主要和次要路线发生着变化，城市和国家兴盛不断更替。在中国，商队从汉朝的都城长安（今西安）或新都洛阳开始了长途跋涉。横贯大陆的贸易之桥的终点，最初在罗马，476年罗马帝国灭亡后改为东罗马帝国君士坦丁堡。基辅罗斯控制着

---

① 习近平：《习近平谈治国理政》（第一卷），外文出版社2018年版，第289页。——译者注

"从瓦兰吉亚人到希腊人"的贸易路线,这条路线从俄罗斯北部的公国通过基辅到达希腊,到达君士坦丁堡。蒙古游牧民族跟随其他游牧民族(匈奴)的脚步开始向西迁徙,他们从中国的长城疾驰到罗马。两个民族走的道路,包括丝绸之路是不同的,他们为控制中国的丝绸和其他商品的贸易进行了多年的战斗。丝绸之路的一条北部分支将蒙古人带到了俄罗斯城市的城墙下。1242年俄罗斯被蒙古人占领,1271年中国成为蒙古超级大国的一部分,丝绸之路成为元大都(今北京)贸易、通信、军事联系的基础。大约100年来,俄罗斯和中国处于统一的"欧亚联盟"的一部分。中国更快地摆脱了蒙古人的统治,蒙古元朝统治只持续了97年(1271—1368年)。在俄罗斯,蒙古人的统治维持了200多年的时间。到"后部落空间"最终崩溃和莫斯科作为第三罗马的形成之时,拜占庭帝国已经灭亡,君士坦丁堡亦已沦陷(1453年)。伟大的丝绸之路中断了,分裂为彼此相距很远的独立贸易路线,为不同的王国、哈里发和汗国提供贸易。在丝绸之路存在的近2000年中，商队道路和贸易站并不总是允许人们从中国一路走到黑海和地中海沿岸，货物流通被游牧民族、征服者、起义者打断。"伟大的丝绸之路"一词直到1877年才出现在德国地理学家和旅行家费迪南德·冯·李希霍芬所著的《中国——亲身旅行和据此所作研究的成果》一书中。

中国提出的新概念最初引起包括俄罗斯在内的世界各国的不同反应。一些俄罗斯专家开始称其为"中国霸权主义卷土重来""对欧亚经济联盟的挑战"，甚至是"企图把莫斯科从自己的势力范围中亚剥离出去"。有人直言不讳地强调，在中国与包括俄罗斯在内的所有国家的关系中，"既有互动又有竞争"。对此，中国专家进行了阐释与陈述。

俄罗斯对这一倡议的积极反应是在2014年2月普京与习近平的索契会晤期间首次表达的。同年5月，在上海的一次会议上，俄罗斯领导人明确宣布支持创建丝绸之路经济带。2015年5月，当俄罗斯和中国领导人签署了《中华人民共和国与俄罗斯联邦关于丝绸之路经济带建设和欧亚经济联盟建设对接合作的联合声明》时，所有误解终于消除了。普京支持习近平倡议的一个例子是他参加了2017年5月在北京举行的"'一带一路'国际合作高峰论坛"。

四、"海上丝绸之路"

在阿斯塔纳发表演讲后仅一个月，习近平主席在印尼议会讲台上提出了"21世纪海上丝绸之路"倡议。习近平提出这一构想基于以下几点：开放合作、和谐包容、市场运作、互利共赢。

参考资料

海上丝绸之路至少在2000年前就出现了，通过印度、波斯和阿拉伯半岛沿岸的港口将中国与欧洲市场连接起来。丝绸、瓷器、玉石通过多条路线运往现在的越南、马来西亚、印度尼西亚、泰国、印度、斯里兰卡、巴基斯坦、伊朗和波斯湾国家沿岸的港口。15世纪初,著名的航海家郑和率领船队7次沿着海上丝绸之路航线前往南印度和阿拉伯海岸。与哥伦布及其他欧洲先驱不同,这位航海家没有掠夺所到之处或把自己的信仰强加给他国,没有烧毁当地城市,没有杀害当地人,甚至没有强迫当地的统治者向中国朝贡以换取价值更高的互赠礼物。郑和出海后,中国贸易路线的港口出现了国际港口城市和众多商人社区。

今天,中国在21世纪海上丝绸之路经济带的地位比过去二三十年间在中亚的地位更重要。

与历史悠久的丝绸之路相关的两项外交倡议的积极推动引发了许多问题。一些专家将此归因于中国在经济和军事实力方面达到了新的高度,需要向外部辐射。其他人则指出,中国精英的自信心迅速上升,他们认为中国迎来了"自己的时刻"。在我看来,习近平的两个创新理念,是系统实施中国梦长期规划的外交政策部分,旨在使国家成为真正的世界强国。

如果我们看中国地图,考虑其边境战略形势,就会发现,中国的北侧与俄罗斯毗邻,两国的政治、经济和军事互动正在战略伙伴关系框架内稳定发展。蒙古国也扮演着同样的角色，虽然它正在与西方列强建立联系，但并未与它们结成军事政治联盟。在西侧，吉尔吉斯斯坦和塔吉克斯坦经常性地躁动不安，哈萨克斯坦和乌兹别克斯坦相对平静，土库曼斯坦局势稳定。在西南边境，尽管印度加入了上合组织，但中国与印度的关系仍然紧张，边界问题时有发生。自称是"全天候的朋友"的巴基斯坦，正在建设从中国新疆到印度洋沿岸的瓜达尔深水港的经济走廊。然而，巴基斯坦政治当局并没有完全控制军队和特种部队，这些军队和特种部队往往执行各自与邻国有关的计划。反过来，他们也无法始终遏制好战和贪婪的部落，在这些部落存在的地方，中国正在进行基础设施项目建设，特别是公路和铁路项目。此外，内战和国家解体的威胁不断笼罩着阿富汗。

五、丝绸之路论坛——新时代的凯旋

习近平有关丝绸之路的倡议的一大成功是2017年5月在北京举办的"一带一路"国际合作高峰论

坛。事实上，这是实施这一重要国际项目的第一个重大里程碑，来自29个国家的领导人和联合国秘书长、红十字会国际委员会主席等3位重要国际组织负责人出席了高峰论坛。会议结束时签署参与"一带一路"各项文件的国家达到68个。论坛主席宣布，除已开工项目外，中国还将向"一带一路"沿线国际组织提供资助。与此同时，中国政府还承诺，在这段时间将对外投资，其中很大一部分资金将投向参与"一带一路"倡议的国家。很明显，巨额资金将投入到基础设施项目建设中。现代化的陆路和海路同样有助于增加逆向而来的货物流动。

论坛的举办非常及时。我认为"一带一路"倡议推行初期，中国和周边国家在实施"一带一路"倡议方面存在一定的不平衡。2016年，我从黄海之滨的连云港港口出发，经过郑州、西安、银川、兰州、武威、张掖、嘉峪关、敦煌、哈密、伊宁和乌鲁木齐到达海关和边防检查站的"大门"阿拉山口和与哈萨克斯坦接壤的霍尔果斯。在中国段，正在完成高铁系统建设和货运铁路改造。从连云港到阿拉山口，从北京到乌鲁木齐，全国已建成高速公路网络。全新的城市、免税陆港、自由贸易区、创新发展区和国际文化中心建立起来。

此后，各个国家对"一带一路"倡议表现出不同的态度。那些赞赏该倡议的规模、找到与其国家利益的结合点的国家，已经在实施与中国的具体互动项目，并与专门设立的金融机构——亚投行、丝路基金建立了投资渠道。

在俄罗斯，高铁"莫斯科—喀山"项目进度缓慢。丝路基金在亚马尔液化天然气和西布尔聚烯烃项目中投资的数十亿美元固然很重要，但它们位于丝绸之路经济带基础设施框架之外。但我仍相信，在"一带一路"倡议框架内，旷日持久的筹备工作将随着俄中项目的大规模成功实施而完成。毕竟，新丝绸之路和历史上的丝绸之路一样，不是一条直达路线。新丝绸之路可以改变方向、避开障碍物、设立分支并转向优势领域。"一带一路"倡议的实施速度加快、势头强劲，不仅涉及欧亚大陆，而且还扩及全球。

六、习近平的"大手笔"

"大手笔"这个词很贴切地描述了习近平在战略

领域的创造力。他在执政之初,就提出中华民族伟大复兴的中国梦,新的外交政策序幕由此拉开,"新型大国关系"概念浮出水面。"一带一路"倡议就像一幅珍贵的画轴逐渐展开,道路、风景和人物逐一出现。

在推动中国在国际舞台上获得应有的地位方面,习近平恰逢其时。他孜孜不倦地研究外交政策,创建新的外交战略和理念,为中华民族伟大复兴的中国梦这一重要长期规划的成功作出贡献。

最初看起来不太可能成功的"一带一路"倡议为中国打开了新的视野。2016年,中国在全球GDP的占比为14.8%,对世界经济增长的贡献达30%左右。2016年夏天,习近平在取得成功的基础上,坚持中国梦的长远规划,向世界通报了中国希望在全球治理中发挥关键作用的愿望。这体现于2016年9月在杭州举行的G20峰会。

习近平主席的讲话给其他G20成员和国际专家留下了深刻印象。在许多评论中,这被视为中国政府试图构建全球治理新规则。几十年来,中国领导人第一次分享了其对世界的看法。在习近平主席之前,毛泽东主席于1974年2月与赞比亚总统卡翁达谈话时说:

"我看美国、苏联是第一世界。中间派,日本、欧洲、加拿大,是第二世界。咱们是第三世界。"[1]"伟大的舵手"毛泽东对当时的全球力量平衡进行了原创且总体上正确的分析,但他没有提出争取统一或改善三个世界分裂的任务,也没有说明中国在这个过程中的作用。而习近平则从根本上勾勒出世界向人类命运共同体转变的轮廓,提出改变全球经济金融治理体系的任务。

习近平主席于2017年1月在达沃斯世界经济论坛上更进一步谈到,改变全球治理体系迫在眉睫。这位中国领导人首次在这个享有盛誉的平台上向世界商界精英发表讲话。这一报告让习主席成为第47届达沃斯论坛的主角。他概述了他对世界面临的问题的根源的看法,并表示大多数问题不是由全球化造成的,而是由不足以适应这一积极进程的全球治理体系造成的。习近平把另一个负面因素归结为世界经济增长放缓,并特别关注一些国家"以牺牲他国利益为代价"的行为。

美国《纽约时报》报道,当中国国家主席习近平

---

[1]《毛泽东文集》第八卷,人民出版社1999年版,第441页。——译者注

在达沃斯论坛发表讲话以支持全球化时，唐纳德·特朗普总统宣布美国应该放弃自第二次世界大战结束到2017年以来一直扮演的传统超级大国角色。英国广播公司（BBC）的一位专栏作家指出，达沃斯论坛可能成为中国扮演新角色的起点，中国将在推动全球化、加速世界经济复苏方面发挥引领作用。

第四章

新时代的首要成就

中国的新时代实际上是在 2012 年底开始的。当时,习近平在中国共产党第十八次全国代表大会闭幕时提出了一个到 2049 年的中国梦长远规划。2017 年 10 月,新时代正式被确认为政治现实。中国共产党第十九次全国代表大会总结了新时代以来取得的第一批成就。就在当时,在中国共产党最高权力机关的决议中出现了"新时代中国特色社会主义"概念。

在两次全国代表大会之间的 5 年时间里,中华民族伟大复兴的中国梦的战略内容层出不穷——经济领域的"新常态"、公共生活的"法治政府"、国际经济领域的"一带一路"倡议等。这些内容相辅相成，逐渐形成一个完整的创新体系。到 2017 年 10 月召开中国共产党第十九次全国代表大会时，为中国梦而进行的努力已逐渐取得了成效，新时代已经成为现实。

在评估新时代路线的有效性后，中国共产党十九大通过决议，将中国梦的长远规划写入党章，在更新后的党章中表述为"实现中华民族伟大复兴的中国梦"。

一、新时代的新章程

中国梦规划的高效性从第一个也是最重要的战略——经济"新常态"的成就中得到了令人信服的证明。这些成就令人印象深刻。来自中国国家统计局的数据如下：2013—2016 年，中国年均 GDP 增长保持在 7.2% 的水平。对中国而言，这意味着到 2020 年全面建成小康社会的目标可以成功实现，因为 6.5% 的增长就足够达成这一目标了。其他指标，如 2% 的通货膨胀率和 5% 的失业率也令人印象深刻。

2013—2016年，中国仍然是全球经济的火车头，中国对世界经济的贡献率在30%左右，超过了美国、欧元区和日本的贡献总和。2016年，中国GDP占世界经济的比重为14.8%，比2012年提高了3.4个百分点。中国经济进入了"新常态"，这让其他国家在制定经济发展战略时要考虑到重要的和具有长期性的中国因素。

值得注意的是，"新常态"从一开始就意味着向高质量发展的转变。代替追逐GDP高增长率和以高代价（低工资、环境污染、城乡发展不平衡、地区发展不平衡）赢得出口市场的方式，发展重点重新定位到国内市场，国内市场成为拉动经济增长的主要动力。2013—2016年，中国最终消费对经济增长的贡献率超过一半，约为55%。

由于公民收入的增长、农民向城市迁移的合法化以及贫困人口数量的迅速减少，中国的消费者队伍不断扩大。2016年，中国人年均实际货币收入为23821元，比2012年增加7311元。到2016年底，中国57.4%的人口居住在城市，比4年前增加了近5%。作为中国梦规划的主要目标之一，消除绝对贫困计划也在稳步推进。到2017年秋，生活在贫困线以下的人数为4335万人，比2012年减少5564万。

2016—2017年，我来中国的次数达12次，大部分都是沿着西北和东北的所谓"落后地区"路线走的。我亲眼看到了经济学家所说的"新的增长动力"。在新疆维吾尔自治区，这一动力是一个新的强大"云计算"中心，它是世界上最强大的计算机网络的一部分。在吉林，一位理工大学毕业生成立了一家制造和运营人造地球卫星的公司，该公司已经发射了多枚商用成像卫星。在黑龙江省，几位工程师建造了一个拆解和报废退役飞机的工厂。在甘肃省，我采访了一位刚从贫困山村搬来的新居民，他非常高兴，因为不仅免费得到了房子和一小块土地，而且有生以来第一次不用一滴一滴地计算而可以直接从水龙头接水用。

所有这些美好的事件都可以称为"创新"，也可以称为创业，亦可以认为是当地积极人士与政府互动的范例。在中国政府的指导下，为对"新常态"感兴趣的人提供了优惠贷款、低租金土地和优惠的税收政策。但更重要的是，得益于"新常态"下的创新战略，中华民族巨大的创新创业潜力得到了前所未有的施展机遇。全国最优秀的力量都在参与创新——从中国领导人习近平到数量巨大的工程师、党员、科学家和学生。适应"新常态"、把握"新常态"、引领"新常态"将助力中国成功实现中华民族伟大复兴的中国梦。

二、社会主义中国向前进

中国共产党十九大召开时恰逢俄国十月革命100周年。人们花了很长时间才意识到1917年10月是一个新的历史时代的开始，意识到这一事件对俄罗斯本身和整个世界的意义。我认为在2017年10月，中国成功把社会主义向前推进，中国的新时代已然开始。不仅是中国人自己，而且其邻国，无论是伙伴还是对手，都将感受到新时代的意义。

"新时代中国特色社会主义"一词首次出现于习近平在中国共产党十九大上所作的报告中，该词非常成功地界定了中国社会发展的新阶段。中国共产党十九大召开时，9000万党员和14亿中国人已经在新时代中生活了5年，未来至少还要生活30年。毕竟，新时代的内容指明在2049年实现中华民族伟大复兴的中国梦。

新时代，很可能会载入中国5000年的文明史册中。新时代并非始于战争或革命的胜利，战争与革命不可避免地会打破旧秩序，改变数百万人的命运，这正是1917年在俄国发生的事情。新时代通过前一个时代——"中国特色社会主义"的演进，以和平的方式来到中国。

习近平的所有前辈——毛泽东、邓小平、江泽民、胡锦涛都对来自苏联的社会主义理论和实践进行了修改和创新。在成功应用苏联模式近十年后，毛泽东试图超越它。1976年毛泽东逝世后，担任领导职务后的邓小平并没有脱离社会主义的理论和实践，也没有鲁莽地照搬西方的自由主义模式，亦未效仿"亚洲四小龙"的成功范例。邓小平这位智者和经验丰富的政治家引用了家乡四川省的一句古老谚语，"黄猫、黑猫，只要捉住老鼠就是好猫"。通过反复实践和总结其他领导人的意见和建议，邓小平创建出国家严格调控下的自由市场经济与计划经济的共生关系。实践证明，这种模式非常有效，并被称为改革开放理论。改革开放40年来，在中国共产党的正确领导下，中国人民走出了一条中国特色社会主义道路，创立了中国特色社会主义理论体系。

21世纪第一个十年,中国经济增长开始放缓,环境问题加剧,美国开始暗中地围堵中国。此外,中国仍然只是全球经济链中的一环,这让美国可以从所有其他环节中获利。有"世界工厂"之称的中国被迫将部分收入投资于美国国债。

三、新时代的任务:不忘初心、牢记使命

习近平首先找到了摆脱僵局的理论和实践出路。中华民族伟大复兴的中国梦长远规划为全党和全国人民带来了新的风气,重振了人们对社会主义道路的信心。在其创新理念中,习近平不仅没有背离社会主义理想信念,反而越来越清晰地回归社会主义理想。

他在中国共产党十九大上宣布,中国共产党把实现共产主义作为最高理想和最终目标。共产党的领导得到巩固;国民经济和社会发展规划显现成效;尽管支持公私伙伴关系并鼓励私营企业的发展,但关键经济部门仍牢牢掌握在国家手中。习近平将社会主义理想置于首位,例如摆脱贫困,首先实现"小康社会"

再将全体人民转变为中等收入群体。

社会主义在中国取得胜利不仅表现在语言中，而且表现在行动上。2020年，中国不仅消除了绝对贫困，中等收入群体的人数也有很大提升。根据美国布鲁金斯学会的专家估计，2030年，中国中等收入群体将达到8.54亿。当然，我们不是在谈论新的阶级。总有人会更幸运，有人运气则稍差一些，但没有人会倒下。为此，中国设置了"安全网"，引入了社会保障制度和养老金制度。为贯彻社会公正原则，缩小"上"与"下"之间仍然较大的差距，构建相对公平的社会，反腐败斗争的力度正在加大。个人命运与国家命运息息相关。

四、谁不喜欢"小康"中国？

中国梦远景规划规定到中国共产党成立100年时最终消除贫困，全面建成小康社会。实际上，早在2017年就已经明了，这一规划一定会实现。中国共产党十九大报告所列的统计数据足够高，甚至超出了乐观主义者的预期。

这些指标也给那些直到最近还在预测中国经济增长将下降甚至无法避免"硬着陆"的悲观主义者留下了深刻的印象。他们中的一些人无法接受这样一个事实，即自由主义理论经典原则不适用于世界第二大经济体，这意味着西方模式受到质疑。另外一些专家则故意操纵这些数字，以此来掩盖其雇主的不佳表现，因为后者无法将自己的国家引入切实的上升轨道。

贬低中国新时代的经济成就变得极其困难，因此这些人把批评重心转移到了政治方面。批评的主要内容指向中国的权力集中。但他们没有考虑到，正是由于这种权力集中，才令中国有可能取得令人瞩目的经济成就，进而改善社会状况。政治远见、坚强的意志和必要的权威，让国家得以取消法外"劳教"制度、逐步废除"独生子女"政策、放松"户籍"管理等。

新时代中国特色社会主义取得的初步成功不仅会产生积极的影响，也会产生一些挑战。以目前中国年均6%—7%的GDP增长速度，不难推测出到2049年中国的经济规模，亦不难理解这种前景对世界经济和政治秩序的影响。美国试图在世界秩序中维持其霸权。然而，其对中国的各种遏制越甚，中国越将创建一个富强繁荣的社会主义强国。历史规律无法改变，一个更有效率的经济制度不可避免地会替代效率较低的经济制度，新的政治和意识形态规范正在取代旧的。现实主义者不能不看到，约1/5人类已经生活在"中国特色社会主义新时代"。

五、未来属于新时代

中国梦规划实施的最初五年取得的令人瞩目的成就，让我们可以更精准地预见其未来前景。中国共产党十九大最重要、最出人意料的创新之一是将2035年确定为通向2049年的又一里程碑。如果之前中间只有一个里程碑，并强调在2020年消除贫困并全面建成小康社会，那么现在，当这一任务已经完成后，迈向中华民族伟大复兴的道路上出现了新的里程碑——2035年。

习近平在中国共产党十九大报告中指出："在全面建成小康社会的基础上，再奋斗十五年，基本实现社会主义现代化。"届时形成的社会图景将极具示范意义，"到那时，我国经济实力、科技实力将大幅跃升，跻身创新型国家前列；人民平等参与、平等发展权利得到充分保障，法治国家、法治政府、法治社会基本建成，各方面制度更加完善，国家治理体系和治理能力现代化基本实现；社会文明程度达到新的高度，国家文化软实力显著增强，中华文化影响更加广泛深入；人民生活更为宽裕，中等收入群体比例明显提高，城乡区域发展差距和居民生活水平差距显著缩小，基本公共服务均等化基本实现，全体人民共同富裕迈出坚实步伐；现代社会治理格局基本形成，社会充满活力又和谐有序；生态环境根本好转，美丽中国目标基本实现"[1]。

六、新时代重在质量

将中国经济发展的重心从征服国外市场转移到服务国内消费者，意味着数十年改革开放政策红利的公平回收。数亿工人的辛勤工作让中国成为"世界工

---

[1] 习近平：《决胜全面建成小康社会 夺取新时代中国特色社会主义伟大胜利——在中国共产党第十九次全国代表大会上的报告》，人民出版社 2017 年版，第 29 页。——译者注

厂",积累了巨额的财政储备。但同样重要的是消除贫困,将大多数中国人的生活水平提高到中等收入群体水平,这意味着在本国领土将出现一个空前广阔的市场。习近平在中国共产党十九大报告中提出,中国社会的主要矛盾是"人民日益增长的美好生活需要和不平衡不充分的发展之间的矛盾"。这个矛盾将如何解决?大会的报告指明了主要方向。

经济高速发展阶段即将结束,高质量发展将成为重点。中国共产党十九大前五年GDP年均增长率为7.2%,较之前的增速有所放缓,但仍高于2.6%的世界平均水平。包括投资基础设施在内的经过验证的手段,有助于保持可接受的经济增长速度,有助于缓解去产能和裁员的影响,提高经济质量。创新性发展将成为经济增长的新动力,特别是对经济结构的调整和优化,减少低收入行业从业人员的数量,提高具有高附加值产品生产中的高薪人员数量。

"中产阶级",或者中国所说的"中等收入群体"的迅速扩大,将有助于消除社会主要矛盾。过去几年,这一群体人口的增长速度超过了GDP的增长速度。现在,在经济增速放缓的条件下,找到新的环节继续扩大中等收入群体非常重要,其中的重要途径之一是把所有进城务工的农民转变为享有充分权利的公民和消费者。2016年底中国农民工总数估计有2.82亿。随着农村地区出现更多的就业岗位，包括电子商务和其他形式的创业，这一令人印象深刻的数字将迅速下降。随着新规定的出台，农民工在城市将可以合法落户，获得相应的医疗、教育和养老保障以及经商的权利。

中等收入群体中的较低收入群体数量将通过建立全国性的养老保障体系而得到增长。到目前为止，并不是所有老年人都能领取养老金，不同层次的养老金差异也较大。到2020年底，中国60岁以上老年人口有2.64亿，约占全国总人口的18.70%。中国人口正在迅速老龄化，如果没有实施史无前例的养老金制度，社会稳定性和消费者数量都可能受到影响。截至2020年末，社保卡覆盖了中国95%的人口。

青少年没有被忘记。2020年，中国教育事业发展第十三个五年规划目标全面实现。学前教育毛入园率达到85.2%，比规划目标高出0.2个百分点；九年义务教育巩固率达到95.2%，比规划目标高出0.2个百分点；高中阶段教育毛入学率达到91.2%，比规划目标高出1.2个百分点；高等教育毛入学率进一步提升到54.4%，比规划目标高出4.4个百分点。

这些数字很好地说明了中国社会主义向初始价值观的回归。

如果不解决或缓解住房问题，就不可能提高生活质量。在这一领域出现了矛盾——每年都有大量新房、新的区域甚至新城市建成，但高房价有时是对年轻人的一种剥夺，即使是对那些收入不菲有机会买房的人而言也是一种剥夺。与此同时，由于开发商的失误出现了新房空置问题。

中等收入群体中的较高收入群体也将扩大。严格管控时期结束，对创新和创业的支持力度加大。部分投资项目的强制审批制度被取消，取而代之的是在涉及国家安全领域设立有限的投资"负面清单"。在负面清单之外，外商可以相对自由地进行投资经营。

目前，非公经济在国民经济中占有重要地位。国家发改委副主任张勇在2017年表示，之前五年民间投资占全社会固定资产投资的比重一直保持在60%以上，贡献了80%以上的就业、60%以上的GDP增速和50%的税收，70%的境外投资也来自民营企业。

对外国商品、资金和技术的引进，以及中国产品向国外市场的出口，都将在有力的对外开放政策支持下促进中国人的财富增长。正如中国共产党十九大报告强调的，要"拓展对外贸易，培育贸易新业态新模式，推进贸易强国建设"。

生活质量的提高离不开生态环境的改善。到2035年，旷日持久的环境危机将被消除。自2012年以来的五年间，空气中有害颗粒物浓度下降了1/3，在北京等雾霾笼罩的城市中，空气良好天数越来越多。与环境污染做斗争的最有效方法是关闭环境不友好企业，同时创建新的监管机构，加强国家监督职能。这一方法同样适用于解决粮食安全问题。到2035年，蓝天白云、绿水青山将成为中国的常态。

七、反腐新纪元

中国加速发展的最大障碍之一是腐败问题。如果腐败问题得不到解决，就不可能保持经济建设的步伐，也无法缩小社会贫富差距。习近平发起的系统性反腐败斗争，在新时代取得了实实在在的成效。

习近平在2016年七一讲话中强调："我们党作为执政党，面临的最大威胁就是腐败。"2022年6月17

日,习近平在中共中央政治局第四十次集体学习时指出,反腐败斗争取得压倒性胜利并全面巩固,但形势依然严峻复杂。这就是为什么需要深化国家监察体制改革的原因。国家监察委员会——一个拥有监督、调查、处置各环节的部门在北京和中国多个省份运行,并被证明有效提高了委员会工作人员的权威,降低了委员会工作对地方政府的影响,减轻了"捕鱼之网"的负荷。这与党中央的呼声相呼应:"让人民监督权力,让权力在阳光下运行。""把权力关进制度的笼子里。"不仅要加强反腐败立法,还要通过搭建曝光平台、收集相关举报等方式扩大群众参与反腐败。建立党内和行政机关监察制度的另一个重要功能是铲除"野心家、阴谋家",消除"重大政治隐患",防范危害国家安全的风险。

八、新时代的前途光明

中国共产党十九大报告以"大手笔"勾勒出新时代的前景,这一前景不仅延伸到2035年,而且延伸至更遥远的未来,直到2049年。习近平指出:"从二〇三五年到本世纪中叶，在基本实现现代化的基础上，再奋斗十五年，把我国建成富强民主文明和谐美丽的社会主义现代化强国。到那时，我国物质文明、政治文明、精神文明、社会文明、生态文明将全面提升，实现国家治理体系和治理能力现代化，成为综合国力和国际影响力领先的国家，全体人民共同富裕基本实现，我国人民将享有更加幸福安康的生活，中华民族将以更加昂扬的姿态屹立于世界民族之林。"①

习近平高瞻远瞩，对中国前景的规划明确清晰。2012年中国共产党十八大确定的方向和新时代最初五年对所走道路的坚持让人们相信，通往前方的道路是光明的。

九、"中国智慧，中国力量"

习近平在中国共产党十九大的报告中，一开始就把"中华民族伟大复兴的中国梦"与"重要战略机遇

---

①习近平：《决胜全面建成小康社会　夺取新时代中国特色社会主义伟大胜利——在中国共产党第十九次全国代表大会上的报告》，人民出版社2017年版，第29页。——译者注

期"联系起来。中国共产党十九大报告第十二部分"坚持和平发展道路，推动构建人类命运共同体"对"世界正处于大发展大变革大调整时期"进行了详细的阐释，中国梦的创始人已然站在第一阶段取得的高度去展望世界，并呼吁国际社会勿对当前的中国和未来的中国感到恐惧。"中国发展不对任何国家构成威胁，中国无论发展到什么程度，永远不称霸，永远不搞扩张。"[1]

在全球经济领域，习近平作出以下承诺："中国坚持对外开放的基本国策，坚持打开国门搞建设，积极促进'一带一路'国际合作，努力实现政策沟通、设施联通、贸易畅通、资金融通、民心相通，打造国际合作新平台，增添共同发展新动力。"

然而，最重要的思想也许体现在外交政策上。习近平谈到中国应在全球治理中发挥新的积极作用，"中国秉持共商共建共享的全球治理观，倡导国际关系民主化，坚持国家不分大小、强弱、贫富一律平等，支持联合国发挥积极作用，支持扩大发展中国家

---

[1] 习近平：《决胜全面建成小康社会　夺取新时代中国特色社会主义伟大胜利——在中国共产党第十九次全国代表大会上的报告》，人民出版社2017年版，第59页。——译者注

在国际事务中的代表性和发言权。中国将继续发挥负责任大国作用,积极参与全球治理体系改革和建设,不断贡献中国智慧和力量"①。

"构建人类命运共同体"的新理念无疑是极其重要的创新突破。这一思想真的会成为中国在全球范围内实施全新的、积极的外交政策的基础吗?我认为答案是肯定的。首先,习近平贯彻其理念原则的能力在过去几年中的实践已经得到证实。即使一部分精英阶层对这一骤变感到不适,他仍将实现自己的目标,或早或晚,或直接或迂回。

中国在世界金融、贸易、国防、科技领域日益提高的地位,也说明中国在全球治理中发挥主导作用正在成为现实。在旧的世界秩序迅速瓦解、国际关系日益混乱的背景下,人类迫切需要积极地、有远见地看待自身的发展。中国为世界提供了这样一种前景,它不是建立在抽象的结论上,而是建立在自身成功发展的经验基础上。中国梦取得了良好成果,中国积聚的发展速度,最重要的是发展质量,让人无法怀疑其真

---

① 习近平:《决胜全面建成小康社会 夺取新时代中国特色社会主义伟大胜利——在中国共产党第十九次全国代表大会上的报告》,人民出版社2017年版,第60页。——译者注

实性。

中国梦向全世界的投射将成为促进国与国之间形成新型关系的催化剂。"构建人类命运共同体"这一世界上独一无二的全球外交政策理念，依靠中国智慧与中国的力量，依靠中国经验与中国资源，将让我们对未来充满信心。毕竟，《论语》说得对，"四海之内皆兄弟也"。

成长于苏联时代的人习惯了漠视政党代表会议的文献资料，无论是已成为历史的苏共，还是现在全新的执政党。然而，我建议大家要特别关注中国共产党第十九次全国代表大会的报告。在该报告中，中国梦这一长远规划得到全面认可，在其实施最初几年所取得的成果被宣布为新时代中国特色社会主义。这些规划得以成为现实的关键在于它们是在习近平本人的领导下制定的。他明白，履行共产党对人民的义务是他的责任。他完成了前五年的任务，这意味着他将努力完成后续任务。我们可以期待这样一位富有创造力的领导者带来更多惊喜，包括在政治、经济、外交领域的创新。中国共产党十九大将推动中国进入一个全新的历史阶段。

第五章

新时代：对稳定性的检验

中国坚定地沿着中国梦的道路前行，并在2017年10月达到新的高度。在中国共产党第十九次全国代表大会上，中国所取得的成就让中国政府不再把注意力局限于国内，而是着眼于整个世界。

2012年11月，中国共产党十八大报告提出，到新中国成立100年时把中国建设成为富强民主文明和谐的社会主义现代化国家。为了实现中国梦，中国政府相继出台了一系列战略规划：经济重点转向国内市场、打击腐败、改善环境、完善国家治理体系、扩大中国产品的全球销售市场并确保沿线运输安全等。一系列重要指标变化印证了十八大以后的五年这些规划的实施成效：居民收入年均增长7.4%，中等收入人口数量突破4亿。2017年中国居民人均可支配收入为25974元人民币，城市居民的平均月工资为5630元人民币，已经超过俄罗斯。

各个领域取得的无可争议的成就让习近平在中国共产党十九大上提出的纲要规划得到了全面支持。根据中国共产党十九大报告，从当时到2020年，是全面建成小康社会决胜期。在中国历史上，古人们很早就怀有"小康"的愿望，期待小而安康的生活，但缺乏具体的参数去定义"小康"。是习近平让"小康"有了具体的体现：中国在5000年的历史中第一次彻底摆脱了贫困。

虽然这一标准并不高，但是在2012年，有约9900万居民的收入低于这一水平。国民经济发展成就和中国中央政府对省级政府行为的严格监管，使每年1000万左右的人摆脱贫困成为可能。"到2020年现行标准下的农村贫困人口全部脱贫，是党中央向全国人民作出的郑重承诺，必须如期实现，没有任何退路和弹性。"①中国共产党和整个中国取得了全面胜利。

一、压力与障碍

中国共产党十九大之后,仅仅过了几个月,在中国通往中国梦的道路上的阻碍加大。阻碍主要来源于美国,其精英最终把中国视为危险的竞争对手,甚至是生存对手。2017年初上台的美国总统唐纳德·特朗普成为这些情绪的体现者,尽管其民主党的竞争对手希拉里·克林顿在竞选演讲中许诺要"遏制北京"的论调丝毫不逊于特朗普。

尽管中国领导人发表了和解言论,中国外交部门也开展了积极的外交工作,但美国的敌对行动仍开始升级。20世纪下半叶,中国与西方的友好关系成为中国经济政策和外交政策的基础之一。中国政府成功通过小幅让步解决了贸易分歧。

2017年4月,习近平主席在特朗普位于佛罗里

---

①习近平:《在决战决胜脱贫攻坚座谈会上的讲话》,《人民日报》,2020年3月6日。——译者注

达州的庄园进行了一次不寻常的访问。根据传统，两国外交部门起草了价值超过1000亿美元的合同意向书。但事实证明，中美继续合作的概率非常小。

2017年11月，特朗普对北京进行友好回访，然而几周后，美国就对中国提出了新的要求、指控、威胁……

各种对"违反公平竞争行为进行的调查"及其他歧视性行为，可追溯至奥巴马执政时期。在特朗普发表推文和国会演讲的短暂"炮轰"后，美国对中国的真正贸易战于2018年7月正式开启。美国对价值约360亿美元的中国商品征收25%的关税，这实际上是对中国的攻击。整个2018年，在由美国掀起的贸易战中，美方的炮火越来越猛烈。中国对此予以还击，对自美国进口的商品增加关税，涉及2017年中国自美国进口金额的500亿美元。而后特朗普放言，对中国600亿美元的商品加税25%……

在此背景下，习近平与特朗普于2018年底在布宜诺斯艾利斯举行的G20峰会期间进行了又一次会晤。在这次会晤中，两国元首对中美经贸问题进行讨论并基本达成共识，停止加征新的关税，在相互尊重的基础上管控分歧。然而正当双方在布宜诺斯艾利斯友好地享用阿根廷牛排时，华为公司首席财务官遭到逮捕，有媒体将这一步解读为美国对刚刚签署的"停火协议"的违背……

二、覆水难收

接下来的一年，也就是 2019 年，特朗普除了持续发动贸易战外，还围绕香港、台湾和新疆等问题对中国实施了新一轮的打击。中方一方面继续努力与美国保持和平对话，一方面不时发起反击。当年，美国民主党人和共和党人就遏制中国问题最终达成了恶性共识。

然而在中国并没有完全形成相应的共识。我在 2019 年底前往中国东部省份旅游时确认了这一点。东部省份是中国涉及美国市场最发达的地区。当时一位市长办公室的高级官员认为，"不存在贸易战，只是摩擦而已"。

在北京，我的对话者、中国社会科学院的政治学家则更为现实："美国人对我们有两个诉求。第一，要求我们改变贸易领域的现状，甚至要求对所谓的

'技术窃取'进行赔偿。在这一领域尚可寻求妥协。第二,要求中国停止加速发展,企图阻止我们在科技领域占据领先地位,为防止美元崩溃而大幅提高人民币的汇率。对此无法采取中庸之道,挤出来的牙膏无法再回去。"

确实,退路已无。中国不是漫游仙境的爱丽丝,眨眼之间就能缩小,强大后的中国相信自己的使命。但日益严重的贸易战和军事威胁暴露了美国敌意之根源——意识形态。中国通过创建新时代中国特色社会主义的高效经济社会发展模式,对美国守护的自由民主模式构成挑战。甚至无须输出自己的发展模式,中国已然证明存在另一种社会经济制度、另一种意识形态的可能性。

应从意识形态对抗的视角来看待美国对香港特区和台湾地区的强烈支持。香港和台湾地区被美国视为中国土地上的两个自由资本主义绿洲。几十年来,正是通过这些"自由和民主"的绿洲,那些被翻译成中文的经济、法律和文化样本被传播到中国。香港特区和台湾地区就像是美国"圣山神殿"的缩影,任何允许失去这些战略点的美国领导人都将成为软弱的象征。

美国深信自己有权"教训异教徒"。这种信念形成于19世纪末，当时华人"苦力"、无能为力且收入微薄的工人的涌入引发了美国对这一群体社会地位问题的讨论。在国会辩论中，一些具有"崇高基督教价值观"的人认为，根据上帝的训诫，必须驯服华人，使其走上正确道路。其他人则要求将他们完全驱逐出美国。后者在辩论中获胜，并于1882年通过了《排华法案》，这是美国第一部也是唯一一部针对整个民族的法律。

这部臭名昭著的法律效力一直持续到1942年，当时中国在第二次世界大战的太平洋战场上首当其冲地与日本交战。但美国"驯服"中国的尝试仍未停止，只是被1949年中国共产党的胜利打断。随着中国实行改革开放政策，这一尝试再次启动。大量美国商人和学者涌入中国，在言行上展示美国文明的优越性。数以百万计的中国学生在海外精英大学接受了"美国生活方式"。

随着贸易战及其他冲突的爆发，美国基于全体精英共识，"驯服或排斥"这一旧争议以"排斥"的胜利而结束，并体现为具体的行动，"排斥"在全球范围内展开。

中美的冲突不仅基于经济和政治矛盾，还基于文明甚至种族矛盾。美国国务院政策规划办公室负责人斯金纳称,与中国的冲突会比与苏俄的冲击更严重。在她看来,从与西方相同的世界观价值观出发,俄罗斯人毕竟属于白种人,而中国人属于黄种人,他们对善恶有自己的一套概念。事实证明,她的这番言论并非偶然的失言——中国留学生的数量开始急剧减少,华人被排挤出科技公司的实验室,令人憎恶的种族歧视传统正在复活,华人财富遭到掠夺,受到流氓和种族主义者的袭击。

三、新冠病毒与黎明前的黑暗

黎明前的黑暗是最黑暗的时刻,谚语如是说。具体是哪国的谚语并不重要,重要的是2020年全人类都经历了这一至暗时刻。

回顾一下黑暗的初始。在中国,春节临近,良好的经济指标令人振奋,很快中国将宣布整个国家摆脱贫困。此外,中国还与美国达成贸易"休战"——2020年1月15日,中美第一阶段经贸协议在华盛顿签署。然而,同准备与特朗普会面的报道相反,习近平并没有参加仪式。或许他明白,这种"休战"不会持续太久,因为美国人面临的主要问题——中国取得的惊人成就是无法改变的。

尽管如此,中国梦的各项规划仍继续加速向前推进。但武汉出现的危机出乎所有人意料。一辆优雅的中国汽车在全速行驶过程中,突然横遭一堵混凝土墙,这简直是可怕的打击!

早在2019年12月下旬,拥有1100万人口的武汉传来了可怕的消息。地方政府采取了紧急行动。习近平牢牢把局势掌握在自己手中。武汉实行的严格隔离措施迅速扩展至整个湖北省,覆盖了近6000万人。与此同时,中国国内有数亿人乘坐各种交通工具返家欢度春节,政策不可能完全阻止人口的流动,想要完全控制人口流动为时已晚。

其他省政府和市政府也开始效仿武汉。从街道到街区再到省市,几乎全中国都隔离起来。检疫、口罩、社交距离。有10%的中国医务人员前往武汉进行支援。火神山和雷神山医院在几周内迅速建成。敌人是全新的、未知的和隐形的。

疫情很快得到控制。2020年4月初,武汉开始着手解除严格封锁。企业开始复工,商店重新开张。

8月,中国国内旅行和航班恢复。10月1日的国庆节——中国又恢复了千万人次的探亲和旅游观光。经历了痛苦和恐惧的武汉,恢复了正常生活。

根据官方说法,中国的新冠疫情那时已经"得到有效控制"。不时发生的区域性疫情,被迅速处理。这样,突如其来的疫情出人意料地被迅速战胜。这是中国的又一次成功。

四、"生命至上"

疫情初始,"生命至上"的口号就从北京发出。中国政府的实际行动紧随其后,没有任何犹豫,没有任何摇摆不定和相互矛盾的指示,不计代价也要捍卫人民的生命,为此甚至切断了重要的生产链和运输链。

对此,西方认为中国在"侵犯人权",使用"专制方法"。但是当新冠病毒扼住西方国家的咽喉时,它们反而开始复制中国的经验。但西方对中国的抄袭出现了致命的延误,政策朝令夕改,因此效率低下。

对于西方国家的统治者来说,金钱至上,金钱高于人的生命。结果，疫情中许多人失去了生命，经济遭受重创。当局者显然应该承担所有责任，因此他们对中国的经验和成功语焉不详，更愿意与那些拥有更多棺材的邻国进行比较。特朗普的短视让美国对疫情的抗击失败了。他没有学习中国在疫情暴发时进行封锁，也没有参与国际方面的努力，而是向中国宣泄个人仇恨。他毫无根据地指责中国扩散了疫情，并无理地提出赔偿要求。中国对此迅速反击。

整个中国社会的自律与政府的果断相辅相成。虽然人们被允许不戴口罩，但仍有80%—90%的人出行戴着口罩。意识的作用甚至比纪律更强大。人民相信政府——哈佛大学在2020年夏进行的一项民意调查显示，93%的中国人信任政府。自律被中国人视为一种美德，违反公德的行为让人觉得丢脸。

"生命至上"的口号在实践中得到落实。对比是惊人的——在2021年初，拥有14亿人口的中国有4635人因新冠病毒死亡。而人口总数为3.35亿人的美国，这一数字却高达50万。中国经济在经历了2020年第一季度的大幅下滑（-6.8%）后，情况开始好转，第三季度经济实现了4.9%的增长。到2020年底，GDP甚至实现了2.3%的增长。而与此同时，美国、欧洲和俄罗斯的经济下滑却未停止。

结果证明,"生命至上"的信条不仅是人道的,而且在经济上也是合理的。中国政府没有吝啬其在"丰收"年间积累的资金,在疫情初始就拨出大量资金控制病毒蔓延。湖北省迅速得到中央的拨款,降低了中小企业的税收。在一些城市,发放了购买食品和生活必需品的代金券。消费者数量开始恢复,市场重启,复工复产,进出口额迅速增长,港口和铁路处理的货物量甚至高于疫情前。

很明显,经济的完全恢复需要一些时间。但同样肯定的是,中国和全人类都不会回到过去的生活。

第六章
特朗普时期的中国与美国

自世纪之交以来,中国的成功开始让美国精英感到不安。这些成就是中国在 1978 年后实施中国特色社会主义独特的社会政治体制的结果。随着中国梦具体规划的实施,中国的成就迅速扩大,有了质的飞跃。

得益于中国梦规划的向前推进,新时代中国特色社会主义的完善体系于 2017 年应运而生。中国和世界随后发生的事件生动地表明,这一体系正在战胜所谓的"美国特色资本主义"体系。

从 20 世纪初开始酝酿的两种制度的对抗,在唐纳德·特朗普总统执政期间（2017—2021年）演变为正面的碰撞。在将中国梦列为议程的中国共产党第十九次全国代表大会召开前不久，特朗普上台。中国成为危险竞争对手的前景既真实又令人生畏。特朗普总统希望对中国加以遏制，最好是能让中国倒退几十年。毕竟，他的前任在20世纪80年代和90年代在对日本和苏联的关系中设法做到了这一点。

在中国政府谴责特朗普违反了所有国际贸易和行为规则之后，特朗普转而采取敌对行动，开始采用针对苏联的"冷战"方法和精神来对抗中国。他以贸易关系为主线，开始奉行"脱钩"政策。在他的任期内，不断宣布采取制裁措施。与此同时，中国高科技企业遭遇严厉的歧视性限制，港台分裂势力的行动愈演愈烈。新冠疫情暴发后，一场由美国政客煽动的全球媒体的反华运动开始了。

直到下台前夕，特朗普对中国的攻击显然没有产生预期效果，中国没有跌倒，甚至没有打磕绊。牛津经济研究院2021年1月发布的研究结果显示，"脱钩"政策使美国失去了24.5万个工作岗位，如果这一政策继续下去，美国GDP将在5年内减少1.6万亿美元，到2022年将失去73.2万个工作岗位，到2025

年将再失去32万个工作岗位。

特朗普同样未能在其他领域取得明显的成功。香港特区很快恢复了秩序，台湾当局意识到分裂的代价是巨大的，止步于"红线"之前。世界盛赞中国政府对新冠疫情的控制和中国疫苗的有效性，以及中国在振兴经济方面所取得的成功。

当然，中国也受到了贸易战和疫情的严重影响，经济发展速度放缓，全球反华情绪高涨。但这些考验促使中国尽量减少对美国和国外其他市场的依赖，提高创新潜力，展示新时代中国特色社会主义模式的有效性。2020年中国宣布的"双循环"战略正是为了实现上述目标而制定。这是对美国的打击的系统性回应，标志着美国改变红色中国"颜色"的企图彻底失败。

一、美国的开始和失败

特朗普的得力助手、国务卿迈克·蓬佩奥不得不承认，削弱中国的图谋失败了，几代美国思想家和领导人将中国从社会主义制度中剔除，并把它附加到以美国为首的自由资本主义阵营的幻想实际上也破灭了。蓬佩奥于2020年7月24日在加利福尼亚州约巴林达（尼克松总统的故乡）发表演讲。选择此地作为重要演讲的地点并非偶然。

1967年，也就是理查德·尼克松赢得总统大选的前一年，他在《外交事务》的一篇文章中阐释了他的未来战略："从长远来看，我们根本无法将中国从国际大家庭中永久抹去。除非中国改变，否则世界不会安全。因此，我们的任务是尽可能地影响事件的进程。我们的目标是鼓励变革。"最初，华盛顿的战略家试图实现一箭双雕：第一，将中国纳入美国主导的自由主义政治经济全球体系中；第二，在与苏联的冷战中将中国拉拢到西方一边。

在美国看来，的确，在尼克松1972年的中国之行和邓小平1979年对美访问之后，第二个任务就完成了。西方成功地利用中国来对抗苏联，迫使苏联同时在两条战线上紧张应对。但是，改变中华人民共和国的政治制度是不可能的，没有做到这一点，就不能认为西方对东方最终取得胜利了。

国务卿蓬佩奥认为，美国对中国的接近并没有引起中国国内发生尼克松总统希望的变化，自尼克松总统以来，美国的所有对华政策都是无效的。

蓬佩奥和以特朗普为首的整个美国当局对在即将举行的选举中获胜充满信心，并宣布与中国的对抗将过渡到一个新的、更高的水平。蓬佩奥在演讲中说道，这与遏制无关，不要上当，这是我们以前从未应对过的一个复杂的新挑战，中国将失去信心。

二、中国准备好了

为了捍卫国家利益，中国需要对美国对华政策的转向做出充分回应。中国以新时代的方式对特朗普政权的挑战进行了系统性回应，制定了新的政治、经济和军事战略。

中国共产党十九届五中全会（2020年10月）的结果证实，中国领导人已经放弃了对美国的最后幻想，将两个战略规划定为"十四五"规划的基础。

第一，实行"双循环"战略。该战略将优先考虑国内市场，而非外部市场。这将强化中国的经济独立性。消除绝对贫困、刺激中小企业、进一步扩大中等收入群体的决定均有利于扩大国内市场。

第二,实行科技优先发展战略。面对各种制裁和技术封锁,中国无法容忍在关键技术上对外依赖。中国需要在关键突破性领域巩固其世界领先地位,比如5G技术。仅在2020年,中国就安装了70万个5G通信基站,超过了世界其他地区的数量总和。5G网络、人工智能等技术的突破不仅提升了国家对社会经济的监管,也增强了国家的防御能力。生产者和消费者之间的距离在缩小,国内市场加速发展。"双循环"战略与科技进步相辅相成,产生了协同效应。

中国共产党十九届五中全会通过的《中共中央关于制定国民经济和社会发展第十四个五年规划和二〇三五年远景目标的建议》,不仅确定了未来5年的发展战略,还讨论了到2035年的远景目标。深受中国人民欢迎的著名报纸《环球时报》称,特朗普在过去4年中唤醒了中国人,他让中国人明白需要补齐技术短板,美国永远不会接受中国的崛起,会使用各种手段加以遏制。

从2018年的中美贸易战开始到特朗普离任前,中国对美国对华政策不再心存幻想。甚至海外的大学毕业生、政治学家和部分新闻记者也开始激烈批评美国的政策。

第六章 特朗普时期的中国与美国

2020年10月,一场声势浩大的纪念抗美援朝70周年的宣传活动席卷全中国。纪念活动的准备工作提前就开始了,博物馆经多年翻修改造后开放,隆重举行了抗美援朝烈士遗骸回归祖国的安葬仪式,相关影片在电影院上映后即刻创下了票房纪录。各种形式的纪念活动都强调,20世纪50年代初期中美之间在朝鲜进行了一场生死对决。纪念活动的高潮是10月23日在北京举行的纪念大会,作为中共中央总书记、国家主席、中央军委主席的习近平呼吁,要"弘扬伟大抗美援朝精神,雄赳赳、气昂昂,向着全面建设社会主义现代化国家新征程,向着实现中华民族伟大复兴的中国梦,继续奋斗前进"①!

每个中国人都清楚为19.7万名在抗美援朝战场上牺牲的志愿军烈士举行如此高规格纪念活动的原因。在中华人民共和国,朝鲜战争的正式名称是"抗美援朝战争",那是中美战场上第一次,也是最激烈的一次交锋。中国人认为他们打败了美国人!《环球时报》援引了辽宁省社会科学院一位学者的话,认为抗美援朝志愿军的战斗精神源自中国人在面对外部威

---

① 习近平:《在纪念中国人民志愿军抗美援朝出国作战70周年大会上的讲话》,《人民日报》,2020年10月24日。——译者注

胁时保家卫国的勇气和决心。与此同时，官方媒体和社交网络开始讨论与美国发生冲突的可能性，可能的战斗地点，双方军队的人数、构成以及损失大小。相应地，美国和欧洲的政治学家对美中两国的国家潜力进行了对比。

第七章
中美两国实力比较

唐纳德·特朗普的反华言行在其执政的四年中逐渐加剧。随着2018年中美贸易战的爆发以及紧随其后在技术和信息领域的竞争,各国专家开始预测中美两国以及中西两种文明之间的战略对抗。这一冲突同时被比喻为"修昔底德陷阱"。

"修昔底德陷阱"的说法源自古希腊著名历史学家修昔底德。这位历史学家认为,当一个崛起的大国与既有的统治霸主竞争时,多数以战争告终。通过这位与孔子同时代的古希腊历史学家的理论视角,美国政治学家格雷厄姆·艾利森分析了中美冲突的必然性。事实上，正是他开始使用"修昔底德陷阱"一词。他分析了500年来成熟文明和新兴文明之间对抗的16个例子，指出其中的12个对抗实际上以战争结束。美国人不会不战而降，将霸权地位拱手让给中国。对中国来说，一个明确而直接的威胁正在出现。

几年前，著名的西方政治分析家约翰·米尔斯海默也曾警告说，中美之间可能会发生冲突。他在《大国政治的悲剧》中写道，美国将竭力阻止中国获得地区霸权。其结果便是中美之间激烈而危险的竞争。虽然核武器的存在无疑会避免世界大战的爆发，但中美在亚洲的竞争将比"冷战"时期的欧洲更易导致军事对抗。

格雷厄姆·艾利森和米尔斯海默的著作为在世界政治学中广泛讨论中美冲突的可能性奠定了基础。学者还对中美综合国力主要参数进行了比较，其中包括军事力量、盟友、经济、软实力、意识形态吸引力等等。

一、军事力量

这种比较通常从分析中国武装力量入手。中国武装力量的规模足以保护国家的领土和沿海领域,但也仅仅是刚过规模界限。

众所周知,美国在其核武器储备方面具有显著优势,而中国则对这一参数保密。解放军导弹近年来发展迅速,几乎拥有各种射程的所有类型弹道导弹,包括带有单独制导和弹头再入的弹道导弹。中国已经拥有高超音速中程导弹。

中国梦相关规划的实施加速了国防发展战略的转变。2015年,习近平宣布裁军30万。陆海空三军重组进程加快,新成立了火箭军战略支援部队。在陆地、海洋以及外层空间,中国国防的战略广度和深度都在扩大。三军融合正在深化,各类部队联合参与战略演习,而且越来越频繁地进行实弹射击。

对美国而言,部署在太平洋、大西洋和印度洋的航母群仍然是维护其全球霸权、干涉他国事务的有效工具,控制着中国的重要交通要道。中国90%的对外贸易流经南海和台湾海峡,中国对美国海军在该地区日益活跃的行动的回应是强化了南海岛礁防御。

积极的防御战略有利于解除对中国的军事包围威胁。中国正在建设现代化的远洋舰队。近年来，随着中国加大对全球战略挑战和"主动防御"理念的关注，中国太空技术和网络空间技术也迅速发展。军队信息化正在成为科学研究和科研资助的重点领域。

二、中国的动员能力

尽管动员能力非常重要，但在计算一国国力时很少将其考虑在内。这里不是指将数百万人武装起来的可能性，尽管这非常重要。在现代世界中，出现了无法通过纯粹的军事方法抵御的生存威胁。新冠病毒大流行给包括中国和美国在内的整个世界带来了意想不到的严峻考验和无法预见的挑战。

在始料未及的挑战面前，中华民族整体表现出高度的意志力、高度的紧张和自律、高度的爱国主义和自我牺牲精神。强大的动员能力使得国家可以采取果断措施隔离传染源，集中庞大的医疗资源，维持社会秩序，尽量减少经济损失和有序复产复工。国有经济和私营经济的灵活组合有助于将生产和供应链中断导致的不可避免的损失降至最低。到 2020 年底，中国成为全球唯一 GDP 实现正增长（2.3%）的主要经济体。中国共产党的强大组织结构在动员中发挥了决定性作用，是国家政治和经济的支柱。中央和地方协同工作。从危机初始，军队就参与到抗疫行动中，尤其是医疗部队和专业部队。最新技术被广泛应用于流调。2012 年后的新时代中国特色社会主义文明模式显示出稳定性和优越性。

反观美国，在疫情面前，其动员能力非常薄弱。特朗普政府无法迅速、正确地评估国家面临的安全威胁程度。行政与立法机构间的矛盾、联邦中心与各州之间的分歧、政党之间的竞争以及种族偏见，阻碍了本来就迟缓的行动。截至 2021 年 3 月初，美国 50 多万人因新冠病毒死亡，这不仅仅是其医疗系统的失败。2020 年美国 GDP 下降 3.5%，说明了美国整体经济的脆弱性。各种形式的冲突、挑衅和街头骚乱是美国社会不团结、动员能力弱的表现。总统大选甚至差点儿让国家一分为二。

三、经济和金融潜力

从两个经济体的竞争来看,重要的是过去40多年来中国已经成为"世界工厂",能够生产从毛绒玩具到航空母舰的任何东西,如果有必要,将具有战略重要性的企业从生产民用产品转变为生产军用产品亦不成问题。在同样的情况下,美国则会遇到很大问题。美国失去了具有重要战略意义的产业,特朗普总统试图将其夺回的努力并没有得到万能的金融资本的支持。实施了4年的"美国优先"战略尚未取得实实在在的成果。对于约瑟夫·拜登领导的民主党来说,国内工业并非其施政的优先事项。去工业化、减少实体经济部门的趋势将继续下去。

新冠疫情导致的经济后果让人想起2008—2009年的全球金融危机,当时中国几乎是全球唯一一个摆脱了困境的国家,还实现了经济发展。中国拒绝"华盛顿共识"方案,支持国内经济,没有将国家储备转入与华尔街相关的全球银行系统。对美国来说,金融危机的后果沉重,当前危机背景下的预测结果也令人失望。甚至在疫情暴发之前,美国人自己就表示,到

2024年中国的GDP可能超过美国。事实上，美国令人担忧的经济状况甚至成为其在21世纪头10年遏制中国的原因。对此，拜登政府将继续秉承冷战思维，通过政治和军事压力来解决其经济衰退问题。

衡量一国综合国力的另一因素是本国货币的稳定性及其在全球金融体系中的地位。初看，美国人对此没有理由惊慌。人民币在世界贸易中的份额仍仅为2.3%，与美元（72%）和欧元（19.9%）相比相差甚远。不过，人民币的地位越来越稳固——中国与许多国家签订了货币互换协议，规定在贸易中使用本国货币结算。我们正在目睹中国货币向世界货币的转变并逐渐建立自己的国际银行体系，该体系在未来可以与美国的银行体系相提并论。

作为世界第二大经济体和主要贸易大国，中国在2016年就使人民币获得了国际储备货币地位，并且在SDR货币篮子中占据10.92%的比重，超过了日元和英镑。直到现在，中国的国有和私营商业机构仍能从海外出口中获得巨额利润。中国持有约1万亿美元的美国国债，中国的外汇储备总额估计有3.2万亿美元，而美国只有不到1400亿美元。

近年来，由中国主导的新的中资银行和国际银行开始运作。2014年7月15日，金砖国家新开发银行成立，启动资金为500亿美元。2014年10月24日，亚洲21国代表在北京签署了关于成立亚洲基础设施投资银行的备忘录，其法定资本达到1000亿美元，相当于美国和日本控制的亚洲开发银行法定资本的2/3。2020年，亚投行成员扩展至100个国家，资本额也大幅增加。仅仅几周后，在中国的倡议下，丝路基金成立，初期法定资本额达到400亿美元，随后大幅提高。中国已经开始建立一个新的与"华盛顿共识"平行的全球金融体系。

美国的贸易制裁和对高科技产业的攻击势必会影响到中国的经济增长。2019年中国GDP增速为6.2%，而据中国专家测算，受美国贸易制裁的影响，中国GDP增长率下降了0.8%—1%。受疫情影响，2020年中国GDP增速"仅"为2.3%。"仅"字需加上引号，因为没有其他国家经济实现正增长。2021年初，中国政府预测GDP至少能增长6%，国际货币基金的专家则预测将超过8%！中国特色社会主义惊人稳定的社会政治制度经受住了不止一次的危机。进入新时代，中华文明展现出强大的发展潜力。

四、"战狼"与"牛仔"的对决

影响一国综合国力的另一关键因素是"软实力"。推特、谷歌和脸书等全球社交网络,美国有线电视新闻网(CNN)和美国之音等媒体,好莱坞梦工厂和其他美国思维方式的元素对中国人的品味、习惯和心态产生了巨大影响。仅在美国大学,2004年就有6万中国留学生学习,2020年达到35万。中国约有3亿人在学习英语。

直到最近几年,中国才开始建设现代"软实力"。2004年出现了以教授中国语言和文化基础知识为主的孔子学院。2018年,已经有500多所孔子学院遍布全球各大洲的几十个国家。习近平在理解"软实力"的作用时,指出要"讲好中国故事"。在首都北京和省级中心,设立了由电视台、广播电台和出版社组成的强大媒体中心。他们的办事处和分支机构在美国和欧洲的城市开展业务,包括莫斯科。外语广播电视节目投入了大量资金,有6个全球通讯频道全天候运行,包括英语和俄语频道。在拥有的外语电台和电视频道的数量方面,中国位居世界第一。中国还专门为非洲和亚洲国家以当地语言甚至方言制作节目或配音，向当地居民免费提供电视，通过卫星信号播出电视节目。

中国正在努力向世界市场推广中国电影。与国外工作室联合制作，重金聘请电影明星进行拍摄。但在与好莱坞竞争的道路上，中国尚存许多障碍，其中不仅有语言障碍，还有审核部门的严格规定。

尽管存在语言和其他各种困难，但中国的"软实力"正在世界范围内辐射和传播，这令美国越来越担心。中国的信息资源被视为特殊宣传机构，美国和盟国宣布孔子学院为间谍结构，这导致不少孔子学院关闭。中国记者被驱逐，中国英文媒体的当地雇员受到迫害，全球流行的娱乐应用抖音视频国际版（TikTok）被禁。

长期以来，美国当局一直认为，拒绝美国的自由价值观是美国对其他国家进行军事干预或经济制裁的充分理由。俄罗斯和中国在选择国家发展道路上的独立性让两国都被列为美国的主要战略对手。现在中华人民共和国强调不输出自己的经济和政治模式，不向其他国家强加其思想和生活方式。同时，以新时代中国特色社会主义理论为指导取得的发展成就，也引起了人们的广泛兴趣，这一兴趣将随着中国发展模式的完善和"普世价值"及其他自由主义价值观的幻灭而继续提高。

即使从上述不完整的参数比较中也可以看出，现有霸权国——美国的综合国力初看似乎比后来者——中国更令人印象深刻。但这种比较在很大程度上取决于计算标准。

可以这么比喻，中国不必复制帝国大厦，而是要像建设420多米的上海金茂大厦一样，用最现代的填充物架起一座多层"宝塔"。中国可以先在欧亚地区而非全球层面获得贸易和经济领域的领先地位。改变综合国力平衡的其他方式也是可能的。中国没有义务遵循古希腊的"修昔底德陷阱"逻辑，中国有自己的战略思维传统，有自己的天才。

第八章
拜登时期的美国与中国

唐纳德·特朗普执政4年对华关系的结果是显而易见的——两国关系遭受到无法弥补的伤害。在此期间，国会两党形成了恶性共识，投票支持涉港、涉疆、涉台的所有反华法律，并支持扩大遏制中国的军事开支。这种共识基于选民的情绪，2021年2月进行的盖洛普民意调查显示，只有20%的受访美国人对中国持正面看法，79%的受访者持否定态度。这是自1979年以来最糟糕的数字。

但特朗普主要关注贸易逆差、"知识产权侵占"等问题。而拜登，很可能会保留特朗普创建的所有对华政策，但将补充在特朗普时期几乎被遗忘的"民主价值观"。第46任总统甚至在家庭财产转移到白宫之前就宣布，"不仅以我们的力量为榜样，我们要用榜样的力量来领导"。

在拜登新政府组建的最初几周已经明了，他将继续执行奥巴马时期民主党的外交政策。拜登从奥巴马那里继承了新保守主义意识形态，宣称将"民主价值观"输出到全世界，可以说是带着十字架和利剑。新保守派认为自己是美国生活方式和美国例外论的"圣杯"守护者，他们进入了商界和政界最高层，进入军事力量和情报机构的领导层。他们是硅谷巨头、媒体霸主的伙伴和战友。本质上，新保守派群体是通过摧毁特朗普总统来证明其权力的。与此同时，聚集在年迈的拜登身边的新保守派的新力量，也将为其前辈添砖加瓦。

事实上，在拜登的领导下，美国在保持敌对战略政策的同时，战术变化也是可能的。在占领了白宫和国会后，民主党完全有能力执行其政治计划。拜登是一位倾向于结成联盟的外交老手，他可能会试图通过制造与一方或另一方和解的表象来对抗俄罗斯和中国。对于俄罗斯来说，"胡萝卜"是START-3（《新削减战略武器条约》)。对于中国,"胡萝卜"是贸易协定的修订、取消高关税、放宽对电子产品进口的禁令以及允许中国学生入境美国。

美国杂志《外交事务》评价说:"北京认为它在与华盛顿的关系中具有额外的影响力,这体现为疫情后的经济复苏、相对稳定的社会和经济以及其日益增长的国际影响力。中国领导层可以在某些领域满足美国的要求,但很可能在影响其'核心利益'的所有问题上坚定立场,如对台湾的主权主张等。"

拜登和他的民主党团队有自己的"核心利益"——削弱中国。美国瓦解苏联"发达社会主义"模式的目的,并非为了让中国特色社会主义模式强大起来。中国在抗击新冠疫情和消除绝对贫困方面越成功,民主党人和他们的意识形态代表——新保守派就会越愤怒。拜登、哈里斯、奥巴马、克林顿以及他们背后的民主党思想家,将摆脱共和党原始的民族主义,以新保守主义的全球主义意识形态为指导。新保守派想把美国的社会秩序模式输出到全世界。对他们来说,意识形态比经济更重要,比国家利益更重要。

一、"新保守派"向"新全球化"的过渡

在特朗普的"去全球化"向拜登的"新全球化"过渡时期，快速发展的中国对美国构成特殊的威胁。过去几年，中国经受住了美国发动的贸易战和乱港事件，证明了自身强大的动员潜力。中国还有效控制了新冠疫情，并逐渐克服了疫情对经济的不利影响。而这样的成功，不能被美国精英所接受。

拜登领导下的美国将继续执行奥巴马时期开始的集体包围中国的政策。其军事理念"重返亚洲"和"跨太平洋伙伴关系协定"（TPP）企图借助盟友国家来达到遏制中国的目的。

现在美国发现自己陷入了"另一个陷阱"。2020年11月中旬签署的《区域全面经济伙伴关系协定》（RCEP）把美国排除在外。《全面与进步跨太平洋伙伴关系协定》（CPTPP）也没有把美国囊括在内，但预计中国将加入这个版本的跨太平洋伙伴关系，而特朗普在他担任总统的头几天就退出了这一协定。拜登执政期间，美国预计将回归CPTPP。

拜登的"新全球主义"将建立在潜在盟友广泛参

与对抗中国与俄罗斯的基础上。在反俄战线上，总体上在冷战时期开始构建的所有的防御和战斗队形，在当前因为有了东欧"步兵"的支持而得到加强。

二、东线上的变化

在东部，拜登将在与日本、韩国、澳大利亚的现有双边联盟基础上更进一步。他还将在美国、日本、澳大利亚和印度加强"四方安全对话"。"四方安全对话"始于2017年，最初内容非常有限，仅表现在外交会晤和年度海军演习中。然而，随着中国和印度之间的摩擦增加，四方安全对话的建设开始充满了实际的内容。美国在推广印太地区的新概念方面得到支持，已经创建了以此命名的军事指挥部，以协调美国军队日益扩大的活动。除了第7和第5海军之外，正在筹备创建另一支海军，旨在加强对太平洋和印度洋交界处的中国军舰和商船的控制。

"四方安全对话"集团也将增加经济维度。据美国商会专家称，印太地区未来可能占世界经济的一半，尽管这将需要约26万亿美元的投资。如果美国能够重新加入CPTPP协议，甚至领导它，前景一片光明。如果失败，那么"四方安全对话"的扩展版本将成为CPTPP的替代方案。人们开始讨论"四方安全对话"集团在发展区域关系中的作用。

三、西部战线初具规模

在西方，美国期待可以利用欧洲的军事、经济和信息资源更积极地遏制中国。

欧洲议会中最大的党团、欧洲人民党主席曼弗雷德·韦伯的发言颇具特色。他在接受香港《南华早报》采访时表示，中国新的《区域全面经济伙伴关系协定》应该唤醒欧美，需要重新统一所谓的西方世界，以迎接中国的挑战。这将是欧美未来十年议程上的主要事项。欧盟和美国共同创造了世界GDP的一半。曼弗雷德·韦伯不支持特朗普的所有行动，但认为特朗普对中国的看法是绝对正确的——必须冷静，利用美国的经济实力向中国表明，时代变了，过去30年那样对中国有利的情况不会再出现。欧盟委员会主席乌尔苏拉·冯德莱恩也支持在对抗中国方面与华盛顿恢复密切关系，他也是欧洲人民党的成员。

四、"新保守派"的接力——从奥巴马到拜登

拜登治下美国对中国的遏制形式将与奥巴马时代相似，这并非巧合。奥巴马执政时期的民主党中的许多人都聚集在拜登周围。这里的关键词是命令。对于重要职位，拜登从奥巴马总统和拜登副总统的团队中挑选了在外交政策问题上合作过的人。这些人物不仅执行了上司的指示，还制定了外交政策并监督其执行情况。

以国务卿托尼·布林肯为例。在奥巴马的领导下，他担任副总统拜登的国家安全顾问。他负责监督美国在阿富汗、利比亚和亚太地区的政策。布林肯积极参与了"重返亚洲"战略的发展和跨太平洋贸易伙伴关系的建立。专家表示，随着向第一职位的转变，布林肯将更加坚定地在与俄罗斯、中国和伊朗的关系中走上"自由干预主义"的道路。

布林肯在白宫的一个重要同事是总统的国家安全

顾问杰克·沙利文。他们是同事,在希拉里·克林顿和拜登的办公室共同工作。这位有史以来最年轻的国家安全顾问,曾随国务卿克林顿出访过112个国家,在拜登担任副总统期间和竞选期间,他都是拜登最忠实的助手之一。沙利文赞同总统选择建立一个广泛联盟以解决全球问题的优先事项。

这位新任国家安全顾问将抗击新冠病毒的斗争与中国联系起来,但显然不是为了两国共同努力抗击疫情。沙利文在接受总部位于华盛顿的"政治"媒体采访时,显然是在暗中传递"中国病毒"论,"应该向北京发出明确信号,这不应该再次发生,美国和全世界不会忍受这种情况再次发生,我们没有有效的国际体系来监测中国和世界各地的卫生情况"。

当然,美国外交政策的主要变化,特别是与中国有关的主要变化将由约瑟夫·拜登本人做出。他会不会像特朗普那样,在竞选声明中对中国进行威胁?拜登的论调"中国是主要竞争对手"经常被引用。如您所见,自1979年以来与中国人的交流经历以及与习近平本人的多次会晤并没有让这位新任美国领导人懂得节制,至少在言语上。

中国的一些专家期待,即使美国对中国的敌意在将来不会有所缓和,两国关系至少会更加稳定和具有可预测性。温和乐观的政治分析家认为,拜登和特朗普的中国政策之间存在三个主要差异。首先,新总统将与其他国家和组织更紧密地合作,以实现美国的目标,其中包括向中国政府施压。与此同时,他将不得不考虑联盟成员的利益。希望这将为通过双边和多边渠道缓和美国与中国之间的紧张局势提供机会。

第二,拜登和他的团队似乎已经接受了这样一个事实,即中国不会被推离自己的发展道路。有报道称,拜登的顾问建议他将重点从试图"改变中国的颜色"转移到让美国更具竞争力上。拜登在总统选举中承诺投资教育和基础设施,购买美国商品以复兴美国工业。

第三,与特朗普的主要区别在于,拜登清楚地看到了美国面临的全球性挑战,而美国以一国之力无法解决。

五、主要敌人的选择——"熊"抑或"龙"?

即使在最困难的境况中人们也期待得到最好的结

果。在莫斯科，人们开始想起20世纪七八十年代冷战时期的笑话，"乐观者学英语，悲观者学中文，现实主义者学卡拉什尼科夫的AK-47。从那时起，情况发生了一些变化。美国一直并且仍然是我们顽固的敌人。中国从战略对手变成了战略伙伴。但无论是以前还是现在，俄罗斯人首先应该关注自己的国家利益，即研究和改进卡拉什尼科夫突击步枪……"

即使在当前艰难的经济形势下，俄罗斯仍保持着较高的国家安全水平，在全球安全领域奉行积极的政策，其领导地位在与西方几十年的冷战中得到加强。我认为，在维持目前对俄罗斯的压力水平的同时，拜登很快就会将重心转移到遏制日益强大的中国上。不是俄罗斯，而是中国明确提出了一种替代自由资本主义的思想——新时代中国特色社会主义。不是俄罗斯，而是中国在最重要的经济领域成功地向美国发起了挑战。克服新冠疫情的不利影响，《区域全面经济伙伴关系协定》的创建，小康社会的全面建成，以及向下一发展阶段的过渡，预示着美国在这些领域的失败。但在其他竞争领域，美国的优势仍然不可否认。

首先，世界货币和金融体系建立在美元之上，由在"华盛顿共识"框架内运作的金融机构——国际货币基金组织、世界银行、美联储等机构管理。中国也在这一领域奋起直追，创建丝路基金和亚洲基础设施投资银行等新的发展机构，谋求人民币国际化，推出数字人民币，扩大人民币在上合组织、金砖国家和"一带一路"沿线国家的使用。《区域全面经济伙伴关系协定》的创建和与欧盟投资协议的缔结为人民币全球化打开新前景。但即使如此，人民币对美元的平价之路仍要走很长。

军事力量对比也不利于中国。尽管在该领域的差距比金融领域更小，但是美国仍以其庞大的军费开支、数百个全球军事基地、60个军事同盟和双边协议占据优势。

我推测，拜登新政府经过短暂的戒备状态后，白宫将尝试在与中国竞争的主要领域——贸易、金融和军事上继续采取攻势。与此同时，特朗普输掉的贸易战将逐渐淡出背景，目前的双边协议可能会被修改，一些损害中美双方利益的关税和其他限制可能会被取消。美国政府将努力把特朗普破坏贸易和经济协议、中国加入CPTPP等造成的损害降至最低。但快速增长的中国市场的吸引力、中国货币和整体经济的稳定性仍将吸引所有国家，包括美国的盟友。

六、美国对中国社会主义的打压

"来自中国的真正危险根本不是军事或地缘政治，而是意识形态。它的持续成功对美国的政治制度构成了最大威胁。"这段话是由华盛顿五角大楼"国防优先"智库的理查德·哈纳尼亚在《钯金杂志》上撰写的。《外交事务》杂志的作者扎克·库珀和劳拉·罗森伯格对此表示赞同。"在与威权主义的斗争中，美国必须意识到自己的优势在于民主价值观。威权主义对手，尤其是中国和俄罗斯，在政治、经济、技术和信息空间等领域抢占了先机。在全世界，美国的领导力都在衰退。"

在可预见的未来，美国意识形态将越来越多地依赖"民主价值观"，这不仅是因为国会暴乱震动全球。甚至在这些事件发生之前，新冠病毒就已经使美国经济崩溃，这加剧了美国社会的破坏性矛盾，分裂了政治体系，并将肆虐的暴徒释放到了街头。有色人种贫民区的"亲吻运动鞋"事件、商业区的大屠杀以及历史英雄纪念碑的拆除，粉碎了自由主义和多元文化"普世价值"概念的吸引力。美国的生活方式及其核心——美国优越感、美国中心主义思想在我们眼前分崩离析、生锈、不堪重负。

美利坚合众国的精英们，诞生于北美大陆的中心，长期处于自我孤立状态，难免产生"美国中心主义"的思想。第一次世界大战和第二次世界大战后，美国应该成为整个国际社会中心的信念终于发展起来。特朗普源自美国中心主义思想的重要言论——"美国优先！"强化了其独特性的传统意识。

中国自称"中国"，在中国古代，它的意思是中央之国。其贤者认为，四方土地的中心是位于圆天之下的天国，而在其外围四周缺乏上天恩典的地方，居住着"野蛮人"。优越文明的成就——丝绸、瓷器、纸张、指南针、火药等被仁慈地介绍给来自八方的使者们。

10多个世纪以来，中华文明确实超越了许多其他文明。在其文化环境中成功融合了契丹、女真、蒙古、满族和其他民族。然而，统治中国的大清王朝忽视了西方文明的飞跃。

清末时美国人并没有开始"控制"中国，但却积极参与其中。他们比葡萄牙人、西班牙人、英国人、法国人和俄罗斯人来得晚得多。美国人虽然进行鸦片贸易，但他们没有在中国港口开枪，没有夺取也没有"租赁"中国的大片土地。他们只是在"门户开放"学说的基础上分享好战的欧洲人的胜利果实。美国在中国立住脚跟少不了商人和新教传教士的功劳。事实证明，美国的软实力更加持久。

七、旧日幻想会回来吗？

拜登赢得选举后，中国政府决定停止对美国的批评。中国媒体对美国政策的改变抱有谨慎的希望。无论是在学界还是媒体中，中国对美国抱有的幻想似乎都没有完全消失。

2020年12月中旬，《人民日报》旗下刊物之一的《环球时报》对中国16个主要城市的1945人进行了调查。47.5%的受访者认为与美国的关系是"最重要的双边关系"。就在一年前，这一数字为82.1%。顺便说一下，与俄罗斯关系的重要性在此次调查中得到了33.8%受访者的认可。该报的主要结论是，经过与美国在经贸、科技、外交和安全等方面的一系列摩擦和冲突，中国人民就美国霸权达成了牢不可破的共识。但中国人民仍然能够将美国的文化和人民与其政府区分开来，这一点可以成为日后修复两国关系的基础。

从这次民意调查中至少可以看出，特朗普未能摧毁两个国家之间的所有沟通桥梁。但特朗普和拜登、共和党和民主党的做法真的有很大不同吗？毕竟，两国关系紧张的根本原因不在于第45任总统的性质。中华民族的伟大复兴将在第46任总统和白宫下任主人的任期内继续进行。美国现在的中国问题专家，与他们的前辈大体上没有太大区别。他们都从这样一个事实出发，即中国不应该梦想着民族复兴和将其"中国"之名付诸实践。

八、美国的弱点与中国的优势

在可预见的未来，事件将如何发展？中国人仍然非常有礼貌地与美国人交谈。他们这样做非但不是从软弱的地位而是从强大的立场出发。进入2021年的

第八章 拜登时期的美国与中国

美国处于梗死前状态。美国民众在总统选举中呼吁将国家一分为二，国会大厦的风暴撕毁了美国民主女神的白色长袍。葛底斯堡战役（1863年）的幽灵在全国上空盘旋，在美国内战最激烈的时候，一些美国人杀死了数千名的另一些美国人。这个世界上最富有的国家展示了其医疗保健系统的脆弱，并且"自信地"在新冠疫情造成的死亡人数方面处于世界领先地位。在可预见的未来，该国没有合理的计划，更不用说长远的视界了。

中国以积极的姿态拉开了2021年的序幕。国家统计局于1月18日在北京宣布，2020年中国GDP的增速为2.3%。这是新冠疫情一年中全球范围内最高的发展速度。值得记住的是，一年前开始的疫情对中国造成了难以想象的打击，在世界范围内，甚至有人谈论"中国奇迹"的终结。然而，奇迹并没有终结，经济并未触底。中国就像飞机加力一样开始拉升并创造了世界纪录——2.3%的GDP增长率。

2020年中国经济取得的骄人成绩，巩固了其作为后疫情时代全球经济"火车头"的地位，也印证了中国进入了新的发展阶段。根据中国国家统计局数据，2020年中国的国内生产总值突破100万亿元，人均国民收入超过1万美元，整个中国都消除了绝对贫困，全面建成小康社会。此后，中国将乘势而上，开启全面建设社会主义现代化国家新征程。

到2035年，中国国内生产总值将再次翻番，中国人的收入也将同样增加。新的法律体系也必须与新的生活方式相适应。《法治中国建设规划（2020—2025年）》于2021年初印发。这样的文件在中华人民共和国历史上是前所未有的，是由执政的中国共产党颁布的。人民权利渐进性、系统性地扩大被视为"中国特色民主"的实现。

九、具有新保守主义特点的"冷战"

美国国内的一系列失败以及中国国内外非常有利的局势不太可能促使美国新政府与中国暂时休战。我认为，那些高雅的"新教徒"和他们的"士兵"会攻击已经发现的目标。

未来几年，美国针对中国的混合战争将在多条战线上同时展开。但"主要打击目标"将是中国共产党。民主"软件"将瞄准中国特色社会主义、瞄准共产主义意识形态。华盛顿的新保守派为他们曾战胜以"团结一致"而著称的苏联共产党而自豪。中国了解苏共与中共之间的血缘关系以及二者具有内在相似性的优劣势。苏共"老大哥"教会中国的不止是将全国所有力量凝聚成一个拳头的能力。将所有权力集中在一位领导人手中，可以最大限度地发挥他的智力、道德和意志力。而苏共垮台和苏联解体的原因之一，恰恰是出现了一些不称职的继承者，他们知识水平低下、身体衰老、无法清醒地评估现实并为未来规划目标。

中国现任领导人习近平发起了反腐败斗争，并加强了执政党的纪律建设。作为共产党员和爱国者，习近平不仅用马克思列宁主义和毛泽东思想找到了填补社会"精神真空"的方法，而且还在2012年提出了一个充满爱国主义色彩的长期规划，即中华民族伟大复兴的中国梦。该规划中两个阶段的第一阶段已经完成，既定目标已经实现——GDP在10年内翻了一番，中国人均国民收入超过1万美元，绝对贫困被消除。这样，"中等收入社会"就建立起来了。到2035年，中国人民国民收入有望达到2万美元。民众没有发生也不会发生大规模的不满。

这些年来，新时代的领导人习近平展示出一种罕见的能力，不仅能够为国家的发展制定长期规划，而且善于实施和实现这些规划。在特朗普对中国的贸易战和疫情迅速升级期间，他还证明中国有能力"承受打击"。如果有人希望将 2020 年"黑天鹅"的责任推给习主席，那他们就大错特错了。在贸易战中和抗击疫情中，中国人表现出的爱国主义情绪更加强烈，尤其是年轻人。

第九章
莫斯科与北京的新时代

这些年来，中美关系出现变局——美国第45任总统特朗普对中国发动的关税贸易战迅速蔓延至其他关系领域，形成紧张态势。而已经有近20年历史的俄中战略伙伴关系，近年来进入了新时代，这是弗拉基米尔·普京和习近平于2019年6月在莫斯科会晤时宣布的。两国首脑已经进行了20多次会晤和谈话。习近平于2013年春以中国最高领导人身份首次出访莫斯科，随后每年都与普京举行多次会晤。两国领导人坦率地探讨国际危机，就双边关系中不可避免的问题阐明立场。习近平在2014年乌克兰危机期间对普京的立场表示理解，普京则支持"一带一路"倡议。在国际事务中两国相互支持的范例不胜枚举。到2019年6月会议召开之时，俄中两国交往已达到历史最高水平，这在俄中两国领导人签署的《中华人民共和国和俄罗斯联邦关于发展新时代全面战略协作伙伴关系的联合声明》中有所记载。在既定的"战略伙伴关系"模式中创新地加入新时代，被视为两国关系的"飞跃"。

美国对日益独立的中国的敌意突然增加，同时继续反对俄罗斯的复兴，无疑加速了中国和俄罗斯之间的亲近。然而，向"新时代全面战略协作伙伴关系"的过渡不仅仅基于当前国家安全利益的一致。尽管曾有过分歧和局部冲突，但俄罗斯和中国从未发生过战争。俄中两国多次相互提供真正的帮助，在生死存亡斗争的关键时刻形成了"统一战线"。

历史的海洋中有暖流亦有寒流。它们是由某些地缘战略因素或历史规律决定的。俄罗斯与中国的关系就是一个洋流趋向温暖的例子。1950年10月2日，苏联承认中华人民共和国并与之建交，这是双边关系历史上最大的升温。70年来，两个相邻大国的关系要么升温，让友谊与合作的"百花"蓬勃绽放，要么冷却到冰雪覆盖般的寒冷。幸运的是，我们现在正在经历一段趋向温暖的时期，俄中两国关系被认为是"历史上最好的时期"。

一、俄中关系新篇章

现在可以看到俄中两国关系发展中的两种情况：惯性和突破。一方面俄中逐步加强在军事政治关系、贸易、科技合作方面的互动；另一方面，在新的条件下，中国正在迅速将战略伙伴关系的所有关键领域提升到更高的水平。一份关于双边关系发展的新文件或现有文件的更新版本可以成为双边关系发展的强大加速器。

《中俄睦邻友好合作条约》在签订 20 周年之际自动再延长 5 年。2021 年 3 月 7 日，王毅外长在全国人大会议期间举行的记者会上如此表示，这一年是《中俄睦邻友好合作条约》签署 20 周年，俄中两国将延长该条约并增添新的内容，这将是俄中关系历史上的又一个里程碑和新起点。

无论以何种形式，新的或更新后的条约都应更加重视经贸投资合作，两国在这一领域的合作远远落后于军事技术合作。2020年，俄中贸易额达到1077.7亿美元，连续三年突破千亿水平。中国连续11年成为俄罗斯最大贸易伙伴，并继续保持俄罗斯第一大进出口国地位。这样的指标并不容易实现，尤其是2020年遭遇到了新冠疫情的突袭。然而，两个邻国的经济体量、经济结构的互补性让这种可能成为现实。

在实现"中等收入社会"和实施"双循环"战略后，中国进入了新的发展阶段。俄罗斯需要了解，中国在近期和可预见的未来对俄罗斯和欧亚经济联盟是如何设想的？在中国新的进口结构中，俄罗斯对中国的出口比重是否会增长？俄罗斯生产商应该在多大程度上考虑来自中国的长期投资？中国政府可以为与私人企业的合作提供哪些保证？《区域全面经济伙伴关系协定》的建立和与欧盟的投资协议对俄中的经贸投资关系有什么影响？中国加入全面与进步跨太平洋伙伴关系协定的意图有多坚定？中国有兴趣让俄罗斯加入吗？中国对通过俄罗斯和其他欧亚经济联盟国家领土连接中国与欧盟的基础设施建设的计划有多大兴趣？

在拜登政府对两国实施制裁的背景下，改善俄中双边贸易状况变得更加紧迫。此外，还需要考虑到世界市场加速分解为几大区域的可能性，这是克服新冠病毒大流行后不可避免的。中国在"双循环"战略框架内减少对不友好市场和供应商依赖的战略，使俄罗斯的多种工业原料和农产品更具吸引力。俄罗斯生产商准备投资扩大生产能力和作物种植面积，前提是签订长期合同。消除支付系统不一致等长期存在的问题可以显著增加双边贸易量。

二、暖流越来越强

2020年10月22日，普京总统通过视频会议参加瓦尔代国际辩论俱乐部的会议时，多次谈到与中国的关系，但最引人注目的是这种关于俄罗斯与中国结盟可能性的"沉思"："我们一直认为我们的关系已经达到了这种互动的程度，相信我们不需要它，但在理论上完全可以想象。我们定期举行联合军事活动，在中国和俄罗斯进行海上和陆地演习；我们在军事技术合作领域实现了高水平的互动，这可能是最重要的事情,不仅仅是产品的交流或军品的购销,还有技术的交流……我们与中国的合作,无疑将增强中国军队的防御能力。俄罗斯对此感兴趣,中国也对此感兴趣。那么它将如何进一步发展?现实将进一步展示。我们现在并没有给自己设定这样的任务。但原则上,我们不会排除这种可能性。"

普京的上述言论在俄罗斯、中国和国际媒体上引起了一系列评论。中国外交部发言人随后对此作出回应,表示在中俄传统友谊中,扩大双边关系没有界限、没有禁区,俄罗斯领导人的声明"展示了我们双边关系的高水平和特殊性"。

通过条约、协定等国际法律文件记录双边关系的进展非常重要,更重要的是国家利益的契合程度,以及对第三方威胁的认知程度。俄中 4 个世纪的交往历史表明,俄中一直在寻找和平解决分歧的方式、协调双边关系根本利益的方案和共同应对外部威胁的最佳方法。新时代的战略协作伙伴关系的到来,使得"俄中暖流"的力量更加强大,这将阻止世界历史的海洋发生不可逆转的变化。

结 语

向新的征程出发

中国共产党第二十次全国代表大会的召开，肯定了新时代十年来中国在各个领域所取得的成就，明确了中国未来行进的方向。新时代十年，科技创新举措确保了中国在航天科技和自然科学方面的世界领先地位；"一带一路"倡议强化了中国的地缘经济影响，也为中国向强国转型、巩固新的世界地位奠定了基础；军事改革使中国人民解放军成为一支强大的现代化军队。

中国共产党二十大向全世界宣告的重要内容是，中国将按照计划稳步向前，继续朝着"实现中华民族伟大复兴的中国梦"这一目标前进。中国将更加注重解决国内问题，更加注重经济和社会的发展，更加注重党的建设。中国共产党二十大所开辟的新征程，展现了中国特色社会主义的伟大成就。这一中国发展道路已经被视为人类文明的新形态。这次大会向世界传达的信息是，中国人民正在走自己的路，正在走中国特色社会主义道路，他们不会在任何压力下和任何挑衅下放弃这一道路。近年来的经验证明，没有什么能够阻碍中国实现其长期目标——中华民族的伟大复兴。这一目标的实现或快或慢，但不会停止。中国正一步一步地向中华民族伟大复兴的目标靠拢。在新的征程上，中国将迎来新的能量、新的人才、新的发展战略。